奇跡の寺の住職が教える

神様に好かれて運気好転する方法

円明院29代住職
泉智教

KADOKAWA

はじめに

成功したい。

お金持ちになりたい。

幸せになりたい。

そう思うのは人として当然のことです。


成功している人、お金持ちの人、幸せな人たちは、運気の上げ方がとてもうまいです。

自分自身の「氣」を上げれば、その波動に共鳴して良いことを引き寄せ、金運、仕事運、健康運、成功運が上がることを知っています。

そして、マイナスのエネルギーを排除し、影響されないように、日々、過ごしています。


情報がありすぎる現在。

朝から晩までスマートフォンをいじって、世界中のあらゆる情報を受信することができます。ネット上で、世界中の人と友だちになることもできる時代です。

世界が広がるのは、とてもいいこと。広い目で世の中を見るために、視野を広げ、知識を身につけるのは大切なことです。

でもみなさん、さまざまな情報に惑わされてしまいがちです。

ネット上のフェイクニュースに踊らされる現代。まだ起きていないニュースに脅《おびや》かされている人もいるようです。

最近だと2025年の7月に大災難が起こるという予言があるそうで、人々は不安を煽《あお》られています。

不安はどんどん広がっていきます。集合意識は厄介《やっかい》です。やがて人類全体を呑《の》み込《こ》んでしまいます。

でも、起きていないことを考えても仕方がない。

* **信じるものは自分の直感**
* **だからこそ自分を磨《みが》いて「氣」を上げる**
* **運気を上げて、幸せ体質になる。不幸を寄せつけない**

私たちが今できることは、**運気を上げて幸せになること。**

情報に踊らされずに、魂《たましい》を磨き上げること。

その方法を伝授したいと思って本を書きました。

この本は、**現代人の不安を吹き飛ばして、生きる方法を伝授するための本**です。

まだ起こっていない不安は、豪快に笑い飛ばして楽しい日々を送りましょう。

この本を読んでくださるみなさんにはただただ、**運気を上げて幸せになってほしい。**

一心に祈っています。

円明院　29代住職　泉 智教

もくじ

ブックデザイン　小栗山雄司
本文DTP　アイハブ
校正　株式会社鷗来堂
イラストレーション　堀川直子
構成　百瀬しのぶ
編集　太田真弓（KADOKAWA）

第1章

神様に
好かれる人に
なるための
運気アップ法

「幸せになるためには、とにかく運気を上げること」
「運気好転すること」

私が言い続けている言葉です。

「今日は運がよかった」「運を味方につける」など、よく使われる言葉、**「運」**。
人智を超えたものであり、人間の境遇や未来を左右するような出来事の巡《めぐ》りあわせが**「運」**。

金運、勝負運、仕事運、恋愛運、健康運……さまざまな運があります。

「運がいい人」ってどんな人だと思いますか。
生まれながらに恵まれた環境にいる人？　無条件に何をやってもうまくいく人？
あの人は運がいいから成功したけれど自分には運がない、と感じている人もいるかもしれません。

世の中で成功した人・活躍している人は単に「運がいい」のではなく、「自分には運が

ある」と信じています。そして、必ず努力もしています。

自分ではどうしようもないと考えられがちですが、運は自分で変えられます。あなたも心がけひとつで**「運がいい人」**に変われます。

「運気」とは運の流れであり、運の塊《かたまり》というのでしょうか。人が人として生きていくために欠かせない生命を司《つかさど》るエネルギーです。

・どのような心がけで日々を過ごすか

・どんな人とつきあうか

・人生の岐路に立ったとき、どの道を選択するか

運気好転するチャンスは、日々巡ってきます。

あなたの中の運気を大きく育て、人生をいい流れのほうに押していき、その流れに乗せてしまえばいいのです。そうすれば、**日々、運気は好転していく**のです。

天の蔵に徳を積む

徳を積むというのは
「幸せ貯金」をしている
ということです。
天の銀行に徳の貯蓄をすると
積んだ善行の利子が積まれる。
今、受けている幸せは
徳の貯蓄が引き出された現象
とも考えられます。

日本には昔から**「天の蔵に徳を積む」**という考え方があります。
善行をして見返りを求めず、徳を積む機会をいただいたことに感謝をするという生き方です。

徳には大きく分けて、「**陽徳**《ようとく》」と「**陰徳**《いんとく》」の2種類があります。
「陽徳」は、人に感謝されるような良い行動。
「陰徳」は、人知れず行う良い行動。

人の知る知らないに関わらず、良いことは自分に返ってきます。
大げさに考えず、感謝の言葉を口にする、相手の幸せを願う、身の回りのものを丁寧に扱い、きちんと掃除をするなど、**できることを積み重ねていけばいい**のです。

私たちが今、**成功したり幸福を味わえるのは、天の蔵に貯蓄されたものが引き出されている**という考え方もできます。
長期的に徳を積んでいる人には、利子がたくさんついていることでしょう。

徳のある人とはどんな人なのか、思いつくままに例をあげてみましょう。

- **人の幸せのために行動できる**
- **人の笑顔を見ることが自らの原動力となっている**
- **見返りを求めない**
- **誰に対しても態度を変えず、分《わ》け隔《へだ》てなく接する**
- **前向き、ポジティブ思考**
- **常に穏《おだ》やか、心が安定している**
- **常に謙虚な姿勢、自慢しない**
- **責任感がある、頼りがいがある、何事も最後までやり通す、仕事が丁寧**
- **不平、悪口を言わない**
- **教養がある、勉強熱心、興味の幅が広い、文化・歴史・芸術に造詣《ぞうけい》が深い**
- **小さなことにも感謝の気持ちを忘れない**

徳のある人は気高く、輝いています。
その人と一緒にいると気持ちが落ち着き、包み込まれるような感覚になります。

徳を積む機会をいただいたことに感謝して生きましょう

神様に好かれる人は、人に好かれる人

「天は自ら助くる者を助く」という
西洋のことわざがあります。
天はどんな人を
助けてくれるのでしょうか。
天、つまり神様に好かれる人とは、
どういう人なのでしょうか。

私たち人間は、肉体は両親からもらいます。

魂は宇宙の神様、創造の神様からもらうと言われていて、それぞれが小さな神様を宿しています。

神様のことを大宇宙と言ったり、人間のことを小宇宙と言うことがあります。

「人間は小宇宙。人間は小さいけれど神様」

そうすると、神様に好かれる人というのは、人に好かれる人ということになります。

一緒にいると温かい気持ちになり、エネルギーを高めあえる人。

相手の立場に立って、相手はどうしたら喜ぶかを考えられる人。

なんにでも感謝の気持ちを忘れない人。

笑顔が素敵な人。

いつも努力を忘れない人。

もちろんほかにもたくさんありますが、こういう人は、**神様にも人にも好かれる**のだと思います。

人生はいいことと悪いこと
交互に起きる

幸福と不幸は表裏一体で、
代わる代わるやってきます。
生きていれば誰でも同じこと。
でもできれば、不幸な時期は短くして
早く運気を上げたいものですね。

「禍福《かふく》は糾《あざな》える縄《なわ》の如《ごと》し」「人間万事塞翁《にんげんばんじさいおう》が馬《うま》」「人生は楽あり苦あり」「明けない夜はない」。いろいろな言葉で言われてきましたが、まさにその通りです。

人生には波があり、うまくいくこともあれば、うまくいかないこともある。でも、必ず循環《じゅんかん》しており、うまくいかないことが永遠に続くことはありません。

これを**「反復の法則」**や**「循環の法則」**と言います。

人は失敗するために生まれてきました。思い通りにならないのが普通です。

失敗してこそ、本来の自分が見えてくる。失敗を振り返り、反省して、学習して、うまくいく行動に改善することです。そうやって人間は魂を磨きながら成長していきます。

挑戦　→　経験　→　失敗　→　反省　→　学習　→　気づき　→　次の行動

もし今あなたが暗黒の時代を過ごしているなら、少しずつでいいので前向きな行動をとってみてください。

鏡を見て笑ってみたり、早起きして太陽を浴びてみたり、自然の中で過ごしてみたり。

きっと、明るい時代がくるタイミングを早めることができます。

「いい人」にはならなくていい

人から「いい人」と言われたいですか？
なんでも引き受けてしまい、
単なるお人よしになっていませんか？
自分が心からやりたいことだけをやり、
気の進まないことは
断れるようになりましょう。

いつもニコニコしていると、そこにつけこんでくる「クレクレ族」がいます。

クレクレ族は、親切そうな人、断らなそうな人を見つけるとすぐに寄ってきます。

膨大な量の仕事を押しつけてくる。物やお金を借りようとする、もらおうとする。

面倒なことをすべてやらせようとする……などなど、要求はエスカレートするばかり。


自分が損をしても、あなたが「やってあげたい」という気持ちがあるのならいいのです。

でも、そうでなかったら断固拒否。全速力で逃げてください。

「いい人」ではなく、「どうでもいい人」「雑に扱ってもいい人」になってしまいます。


きっぱり断るのが下手な人は、笑顔で断ればいい。

「仕事の量、ずいぶん多いですね。これは今日中にはできそうもないですね」と、**ニコッ。**

「誘ってくれてありがとうございます。今日はそういう気分じゃないです。楽しんできてくださいね」と、**ニコッ。**

「貸してって言いますけど、この前の返してもらってないじゃないですか」と、**ニコッ。**

笑顔が武器にもなり、あなたを守ってくれるのです。

自分にとっていい人が「いい人」

人づきあいは、お互いに「いい氣」を出しあえる人とだけでいい。
あなたを元気にさせる、
プラスのオーラを持つ人とだけ。

円明院《えんみょういん》では毎週土曜・日曜に、住職の講話があります。
私の思いを紙に書き、紙芝居のようにして話をします。
『円明院は運気を上げて運をつけたい人が来るところ』

『仕事運・金運アップしたい人・宝くじを当てたい人・健康になりたい人が来るところ』

『笑って人生変える寺』

などもも紙芝居の一部です。


講話をする際に私がよく言うのが「信じていない人は来ないでください」です。

冗談っぽく明るく言いますが、本心です。

わざわざ来たのに文句を言う人がときどきいるので困ります。そういう人は、周囲の波動も下げます。信じて来ている人の邪気になり、波動が狂います。

自分の中に境界線を引いて、巻き込まれないようにすること。

◎一緒にいて楽しい気分になる人がいい人
◎前向きな気分にさせてくれる人がいい人

お互いにいい波動を出しあえる人とだけ、つきあいましょう。

自分にとっていい人はいい人。関係ない人は関係ないのです。

負の感情を受けとらない

負のオーラを出している人と
つきあっていると、運気が下がります。
共感力を持つことは
素晴らしいことですが、注意が必要です。
相手のネガティブな感情を
受けとりすぎないよう、
自分を強く持たなくてはいけません。

愚痴《ぐち》をこぼす人、悪口を言う人、意地の悪い人……。

そんな人からは離れればいいのですが、家族や親族、会社の上司や同僚など、どうしても今すぐには離れられないこともあります。


繊細な人は、相手のネガティブな感情を受けとり、疲れてしまいます。

人から相談されやすいという人も要注意です。

ネガティブな相談ばかりされていると、感情が引きずられてしまいます。

それらがあまりに続くと、ストレスが溜《た》まり、病気になってしまいます。


冷たいようですが、**負の感情を放っている人には同調しない。親身になりすぎない。**

相手の感情は相手のもの。しっかり線引きし、ブロックしましょう。

前向きな感情は、負のオーラを跳ね返す力を持っています。


よく笑い、周りに感謝し、規則正しい生活を送り、あなた自身の免疫力をアップし、キラキラと輝くようなオーラが発されていれば、ネガティブな人は近づいてこないでしょう。

年齢にとらわれない

「もう歳だから」「若くないから」と
口にしていませんか。
年齢なんてただの数字。
何歳であっても、自分に満足して
生きている人は輝いています。

歳をとる　＝　ネガティブなイメージ　がつきものです。
「もう若くないから」と口にして、わざわざ自分で自分を縛《しば》っていませんか？

言葉には言霊《ことだま》があります。今日から口にするのはやめましょう。

たしかにもう若くはない年齢だとしても、そのぶん積み重ねてきた経験があります。内面がより充実していることでしょう。経験値が高い人は魅力的です。

経験はあなただけのもの。時間が経って褪《あ》せるものではなく、むしろ磨かれ、輝きを増すのです。

むしろ、若さゆえの苦悩やこだわりを超え、肩の力が抜けた、自由な境地に達しているのではないでしょうか。

人生において、行動を起こすこと、新しいことを学ぶこと、変化を恐れずに前向きに挑戦することに、年齢はまったく関係ないのです。

人は歳を重ねても心は老いることはない。本当の若さは、心の若さなのです。

心が若ければ体も若さを保てます。常に心を若く保つ生き方が大事です。

人のせいにしない

トラブルがあったとき、
すぐに人のせいにしていませんか？
でも、自分を正当化していると、
人は成長しません。
あなたが反省し、
変わっていかない限り、
良い未来は訪れないのです。

あなたに起きることのすべては、自分の心と行動から生まれてきます。

過去に作った「原因」があり、それによって未来の「結果」が決まります。

原因が必ず結果を引き起こす**「因果の法則」**です。

「自然の法則」であり、「宇宙の法則」と言ってもいいでしょう。


悪いことが起こったときは人のせいにしたくなるけれど、本当にそうでしょうか。

あなたがもっと違う振る舞いをすることもできたはずではないでしょうか。

人を変えるよりも自分を変えるほうが楽。あなた自身が変わったほうがあなたの人生のためになりますし、人生がずっと楽になります。そして、幸せになれるのです。


「過去」は変えられなくても「未来」は変えられます。

今、あなたが何をするかで、未来は変わります。

人間は**未来を作り続けながら生きている**のです。

そう考えると、時間を無駄にできませんし、運気が下がるような行いはできません。

人生は自分で変えていくしかない。だからこそ楽しいのです。

同じ波動の人とつきあう

人間は誰しもが「氣」を発していて、
同じ波動の人同士が引き寄せられます。

それが「波動導通の法則」です。

「引き寄せの法則」「宇宙の法則」

とも言います。

宇宙のすべては**波長エネルギー**を出しています。

波長、波動、周波数などいろいろな言い方がありますが、要するに自分自身の思いの波——自分が発している「氣」のことです。

「気があう」という言葉があるように、**同じ周波数を持つ人と共鳴し、引きあいます。**

不安、嫉妬《しっと》、怒りなどのエネルギーが強い人は、そういう人同士が集まります。

自信、喜び、情熱、幸福感などのエネルギーが強い人は、そういう人同士が引き寄せあいます。

悪口を言う人は悪口を言う人と、よく笑う人はよく笑う人と、お金持ちはお金持ちとつきあいます。

あなたを取り巻く出会い、出来事はすべて**「波動導通の法則」**の中で起こっています。

今のあなたがいる世界は、あなたが発している「氣」が作り上げた世界なのです。

自分の「氣」を上げれば、同じように「氣」の高い人が集まってくるし、楽しい出来事を引き寄せます。

大事なのは直感

人生は選択の連続。
成功者は研《と》ぎ澄《す》まされた
直感を持っている人が多い。
直感を研ぎ澄ませるために、
日々、さまざまな研鑽《けんさん》を
積み重ねているのです。

人間は一日中さまざまなシーンで選択し、決断しています。

直感に従って行動すると、物事がうまく運び、いいタイミングで求めたものを手に入れられる——そんな好循環を生むことが多いのです。

メリット・デメリットを考えてしまってなかなか選べなかったり、人の意見に流されたりしてしまう人は、**自分の直感を信じてみましょう。**

直感と言っても、そこには経験と知識が大きく関係しています。

ゼロからは何も生まれません。

- **さまざまなことを経験し、幅広い知識を身につける**
- **旅に出る、読書をする、映画を観る、いろいろな人に会う**
- **心を落ち着いた静かな状態にしておく**

大事な選択をしなくてはいけないときに物事の本質を見抜くためにも、**直感力**を鍛《きた》えておく必要があるのです。

悩みは「な『闇』」。考えなければ悩まない！

悩みすぎると闇に落ちていきます。
自分の外側で起きていることは「どうしようもないこと」です。
先回りして考えるのはやめましょう。

悩みという「意思」を拾わない。捨てましょう。
実際に「石」を拾うと重くなりますよね。それと同様に、「意思」を拾うと重くなって、次から次に悩みが起きるのです。引き寄せてしまうのです。

優秀な人は、余計なことを考える時間があったら、もっと自分に必要なことを考えます。**自分の力でどうしようもないことは、考えない。考えるから悩むのです。**

たとえば、天候や自然災害などは本当にどうしようもありません。

あとは**他人の評価**。他人について「どうにかしたい」と思うことは、妄想、思い込み、取り越し苦労、執着です。「実体がない」と言ってもいいでしょう。

困った事態も苦しい状況もあるがままに受けとめ、受け流し、無駄に悩む時間を減らしましょう。

わざわざ自分から不幸のスパイラルに飛び込まないようにしたいものです。

くよくよ悩まず、体を動かしてみたり、出かけてみたり、ワクワクすることをやってみましょう。

そのうちに忘れています。時間が解決してくれますよ。

楽しいこと嬉《うれ》しいことに目を向けて生活することが、幸せへの第一歩です。

占いは「裏ない」

占いはワクワクする
楽しいツール。
でも、あなたの未来は
あなたが叶えるもの。
自分を信じることが
一番大事です。

星座や血液型、四柱推命、手相、風水、タロット占い、おみくじ……。

生まれ持った運勢や今後の運勢を見てもらうのは楽しいもの。信じることで人生が前に進んでいくのを感じるのならいいけれど、逆に振り回されすぎている人もいます。

占いで「今年は新しいことを始めてはいけないと言われた」からやらない？

もしそんなふうに余計な不安を抱えたり、やる気がなくなったりするなら、占いとは距離を置いたほうがいいと思います。

自分自身のことがよくわからないから占ってもらうのだと思いますが、たかが名前や生年月日だけで何がわかるというのでしょうか。

これまで生きてきたあなた自身を知っているのは、あなたしかいません。

あなた自身で、未来は変えられるのです。

「占い」は「裏ない」。

心の裏ということです。

自分の心次第です。一番は「直感」です。

答えは自分の中。

自分の気持ち、感覚を信じて、決断を下してください。

人は見かけが10割

人と会ったときの第一印象は、
目から入ってくる情報です。
きれいでいれば、自分も相手も
気分が上がり、運気もアップします。

鏡を見たときに、自分のことを見てどう思いますか？
口角が上がった明るい顔をしていますか？
清潔感がありますか？

指先など細かい部分にもケアが行き届いていますか？


人は中身が大事なのはあたりまえです。

でも第一印象で「この人、感じがいいな」「この人と仲良くしたいな」と思われるのは、やはり**外見**です。外見にはその人の性格、日頃の生活の様子などが表れています。


人の内面と外見は、だいたい比例関係にあります。

美意識を持っている人は、必ず成功します。

すべて形から入っていくこと。**形が大事**です。


見た目に気を使える人は、内面にもゆとりがある場合が多いです。

時間やお金の面のやりくりがうまくいっているからこそ、きれいにできるのです。

逆に、心・時間・お金に余裕がないと、外見にまで気を使えません。

「この人、いつもバタバタしていて、ゆとりがなさそう」と、思われてしまいます。

人から見て「一緒にいて心地のいい人」「気持ちがアップする人」を心がけたいものです。

明るい色の服を身に着ける

気分が上がる色の服を
着ていますか？
色にも波動があります。
華やかできれいな色の服を着ていると、
ポジティブな気持ちになります。

自分がワクワクする色の服を着ていますか？

クローゼットに並んでいる服の色が明るいと、テンションが上がります。

服を着るのは自己表現のひとつです。

明るい色を着ると顔が明るく見え、表情も豊かになります。

モチベーションが上がり、自信も付きます。

明るい色があなたの原動力になるのです。

年齢を重ねるほどに、明るい色を身に着けるべきです。


私はお金持ちの友人に白いスーツがいいと勧められ、作ってみました。

着て歩いていると心が軽く、いいことが起こりそうな気がしてきます。


「もう若くないから、あまり派手な服は着たくない」なんてとんでもない。

若くないからこそ、顔や表情がくすまないように明るい色の服を着ましょう。

「おしゃれだね！」とほめられたときは、「ありがとう」とにっこり笑えばいいのです。

たとえ安い服だとしても、明るい色を着たほうが、自分も周りも気分が上がります。

欲は宇宙のエネルギー

人間には食欲、性欲、睡眠欲、物欲という生理的欲求があります。
欲は人間の行動の原動力。
欲がなくなったら、人間は無気力になり、涸《か》れてしまいます。

人間は誰でも欲があります。人間として生きる基本です。満たされることで次の欲――お金や人脈を増やしたい、好きな人に愛されたい、大切にされたい、人から尊敬されたい――などと、新たな欲が生まれます。

生理的な欲求が満たされないとエネルギーが枯渇《こかつ》し、無気力になってしまいます。

コロナ禍ではおいしいものを食べに行けない、心配で眠れない、人間同士の接触も怖いという状況になり、社会全体の空気が沈んでしまいました。


欲が強い人は、生命力が強い人です。

欲に対してネガティブなイメージがあるのは、人に迷惑がかかる形で欲を叶えようとする人がいるからです。


欲を満たしたときには喜びが生まれるもの。

「おいしいものをお腹いっぱい食べられた」「よく眠れていい朝が迎えられた」「愛する人と愛しあえた」と、喜びにスポットライトを当て、感謝する気持ちを持てばいいのです。

60兆個もの細胞からなる人間は、小宇宙とも言われています。

欲を持ってエネルギーを満たすことは、大事なことなのです。

試練は学ぶチャンスだととらえる

学校、職場、家族関係……悩みは山ほどある。
ネガティブに受けとめるか、
ポジティブに受けとめるかで、
とらえ方はずいぶん違います。
大きな学びのチャンスかもしれません。

自分ばかりがいつも損をしている。人はついついそんなふうに考えがち。
たとえば会社で自分だけがいつも雑用を頼まれる。頼まれたらつらい。

それは意識の問題。

同じことが起こっても、**「学ばせてもらう機会をもらった」**と思う人もいます。

雑用をやらせてもらって、徳を積むチャンスをもらったということ。


人間関係で悩んだら、それは人間関係の勉強をさせてもらっているということ。

お金に困ったら、お金の勉強をするチャンスをもらったということ。

困っていることは、なんでも勉強なのです。


学んだことはあなただけの貴重な財産、大きな力です。

迷ったり悩んだりしたぶん、ほかの人が経験していない何かを得ています。

一度乗り越えたら、もう学びは終わり。

新しい自分に生まれ変わっています。


ただし、何度も同じことを繰り返すのは、学習能力のない人です。

働くとは「傍《はた》を楽《らく》」にすること

働くの語源は「傍を楽」にすること
だと言われています。
「傍」とは自分の周りのこと。
身近な人を楽にして、喜ばれ、
感謝されるのが「仕事」なのです。

自分の身近な人を楽にするから、相手から喜ばれ感謝される。
周囲の人……それが回りまわって**世の中の人を楽にして、対価としてお金を受けとる**

ことが「働く」ということ。

周りを楽にする。ポジティブな気持ちにさせる。

つまり、**「他者貢献」こそが働くことの本質**なのです。

とはいえ、自己犠牲の精神とは違います。

周りを楽にするには、まず自分が楽しく、幸せであること。

自分も周りも幸せになるような仕事をしたいものです。


会社が「とにかく売り上げを上げろ」「客イコール金だ」などという方針でやっていると、社員は相手の気持ちを考えずに、数字を作ることしか考えなくなります。

商売とはいえ**「人対人」**。

お客様の気持ちを考えない強引なやり方は二度と通じません。

長い目で見れば、周りの人のことを幸せにできないと売り上げは低下していきます。


仕事とはすべて神様にお仕《つか》えすること。仕事はすべてお役目。天命です。

この世はお役目をしっかり果たす場なのです。

願いが叶う前にお礼参り

願掛けをした寺や神社に
感謝の気持ちを示すためのお礼参り。
お礼をしたことで
これからもっと頑張ろうという
前向きな気持ちになります。
さらに先取りをして、
叶ったことにして
先にお礼参りをする人もいます。

願いごとを口にするときは、「すでに叶った過去完了形」で、「キッパリと言い切る」ことが大切です。

「なったらいいなぁ」「なりたいなぁ」では、いつまでも叶いません。

× お金持ちになりますように　→　○ お金持ちになります

さらに、**願いが叶う前にすでに叶ったことにして、お礼参りをする人もいます。**

◎ お金持ちになりました。ありがとうございました

先にお礼参りをすることで、「絶対うまくいく」と暗示をかけ、意識が高まります。

先にお礼参りをしてもらったら、神様も力を貸そうという気持ちになるかもしれません。

このときに大事なのが「そんなことしても叶うわけない」という**潜在意識を捨てること。**

心から願い、本気で努力することが大切です。

コラム 1

鳳凰の時代の幸せな生き方

◎今の時代に「幸せ」になるために必要なのは、柔軟でしなやかな思考と行動

２０２２年12月21日までは龍神の時代と言われていました。
龍神は龍の姿をして水中に住み、水・雨・海を司る男神《おがみ》。
龍神の時代は男性エネルギーの強い時代。
成功、権力、財産などの象徴です。
２０２２年12月22日からは鳳凰の時代になりました。

鳳凰は神話に登場する伝説の霊鳥。女神。
不死鳥、フェニックス、火の鳥などと似た、翼を持つ神秘的な存在です。
鳳凰の時代は女性エネルギーの強い時代。

平穏、繁栄、拡大、上昇、成功などの象徴です。

鳳凰の時代は、力強さ、権力を示すことよりも、求められるのは柔軟さ、穏やかさです。

現代は星の配置の変化から「地の時代」が終わり「風の時代」になったとも言われています。風も鳳凰も、心や物事を風通し良く、しなやかに循環させるというイメージですよね。

時代が昭和から平成、さらに令和へと変わり、慌ただしく変化し続ける物質世界が落ち着き、精神世界を充足させる時代がやってきました。

◎時代はまさに龍神から鳳凰への過渡期

強い龍たち――男神・龍神は長い間頑張ってこの世を守ってきました。戦後日本が立ち上がり、高度経済成長期を経て発展していくには、龍神のエネルギーが必要でした。物質的には豊かになりましたが、天変地異などが増え、龍神だけでは守り切れなくなってきました。また、男性エネルギーばかりが強くなってエネルギーのバランスが崩れてしまうと、争いに発展してしまうこともあるとも言われています。

龍神が皇帝、鳳凰が皇后です。
龍神と鳳凰は両方大事です。

陰と陽なら、陰が鳳凰、陽が龍神です。

宇宙に存在するあらゆるものは、陰と陽という正反対の性質を持つものに分かれています。男と女、天と地、明と暗、動と静、晴れと曇り、食べ物にも陰と陽があり、すべてのバランスがとれた状態が、安定している状態とされています。

陰陽思想でいうと、鳳凰と龍が揃うと、陰（鳳凰）・陽（龍）のバランスがとれるということ。鳳凰（皇后）は龍神（皇帝）に寄り添い、互いに助けあいながら、世を平穏に繁栄させていくのではないでしょうか。

今の時代は、龍神が持つ力強い男性的なエネルギーと、鳳凰が持つ女性的なエネルギーのバランスがいい時代になると考えられています。

龍神のエネルギーを受け取って、力強く権力を示し、さらに上を目指して行動してきた人たちも、鳳凰の時代は女性性を受け入れ、しなやかで柔軟な思考を持ちましょう。

その進化を受け入れることが、**運気アップ**につながります。
古い考え方にとらわれている人がいたら、その考え方をすぐに捨てましょう。
今すぐ思考をバージョンアップしてください。

「物質的な豊かさ」から　**↓**　**「目に見えない豊かさ（経験、体験）」**へ
「組織」「権威」から　**↓**　**「個人」「個性」**へ

つまり……

× 厳しい縦社会　↓　◎ 横のつながり
× 上を目指して働きまくる　↓　◎ 自分の時間、家族、友人との時間を大切にする
× 物をがめつく所有する　↓　◎ いいことや思いは周りの人と共有する

物質を所持する幸せより、心の喜びを大切にする時代です。
思いを大切にする言霊の時代でもあります。

ひたすら上へ上へと目指すのではなく、**自分らしく、好きなことをして、自分を愛し、周りの人も愛して生きていく。**

自分にフォーカスし、自分自身の心に素直に生き、自分の幸せを見つけることが大事なのです。

これまでなんとなく生きにくかったと思っている人は、もしかしたら鳳凰の時代になったことで、生きやすくなるかもしれません。

自分らしさを存分に発揮し、一人ひとりがキラキラと輝く。
そんな時代なのではないでしょうか。

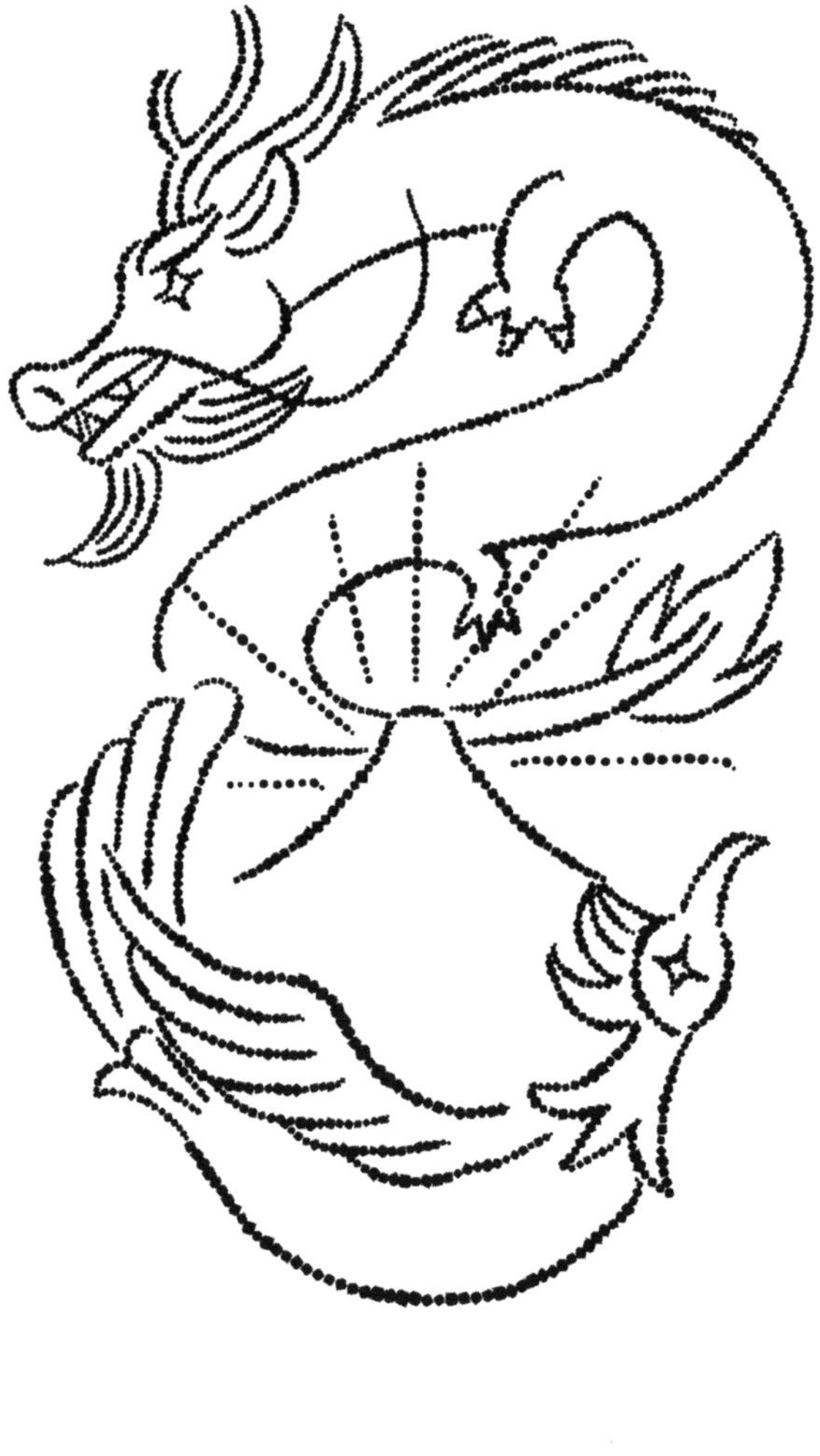

奇跡の寺の体験談 ①

良縁を得たことに感謝し、悪縁が切れたことに学びました

（Dさん・男性）

運気アップと努力の大切な関係

ご住職が東京から円明院に戻ってきて、奥の院を開いた直後から来ています。

「行くといいことが起きるお寺がある」と知りあいが連れて来てくれたのですが、**奥の院で氣を入れると水やお酒の味が変わる**ので驚き、自主的に通うようになりました。

講話を聞いていて**「まずは自分が幸せになることが大事だ」「欲を持て」**などと、お寺のご住職らしくないことを言うのも面白いと思いました。

「生きて幸せになるには努力が大切」「努力をし、実践をして結果を出すこと」「常に運気を上げる努力をすること」「でも、努力しても運気《ツキ》がなければ幸せになれない」……と、とにかく**「努力して運気を上げればいいのだ」**と言いまくるご住職の教えを守ろうと決意しました。

円明院に通い始めた頃は会社を広げていくときだったので、**笑顔で、前向きに、日々努力**をしました。そのうちに仕事は軌道《きどう》に乗ってきましたが、秘書というか右腕的存在の人が必要だと気づき、いいご縁があるようにと円明院に祈願しに行きました。そうしたらまさに円明院にいるときに、うちで働きたいという人から電話がかかってきました。その人は今でも右腕的存在です。

私が**日々努力**をしていたことに**円明院の天地のパワー**が加わって、**最高に運気がアップ**したということなのでしょうか。

縁切りを祈願し、そこから学んだこと

円明院には定期的に来て、毎年お札をいただいて会社にお祀りしています。努力も続けていますが、会社を経営していると困った事態も起きます。

以前、うちの会社で働いていた従業員から嫌がらせ行為を受けるような事態におちいったことがありました。そちらの要求には応《こた》えられないと断ると、長い手紙を送ってきました。自分の人生がおかしくなったのはおまえ（私）のせいだという内容で、恨《うら》みつらみが数十枚。読んでいて具合が悪くなるような念のこもった手紙でした。読みにくい文字から

も悪い念が伝わってきて、気分が悪くなったぐらいです。

困り果てて円明院で「縁切り」の個人祈願をしたところ、嫌がらせ行為はピタッと止まり、何も起こらなくなりました。またしても**円明院の持つパワー**に助けられたのです。

安堵《あんど》したと同時に**気づき**がありました。

会社を辞めて一度縁が切れた人なのに、ずるずるとつきあって、悪い気を呼び込んだのは自分。頼られて「自分が力になれたら」と思って中途半端に情に流され、その人を引き寄せてしまったのだと。人を助けることは悪いことではないけれど、そこはお互いにいい氣を出しあっているかを見極めないといけない。

「たゆまぬ努力をしてきた。おかげで運気も上がった。だから大丈夫」と心のどこかで思っていたけれど、人の念というのは本当に怖い。

今後はさらに**自分自身の波動を高めて**、会社のため、家族のためにも、そういう人を引き寄せないようにしたいです。

第2章

神様に好かれる人の意識の上げ方

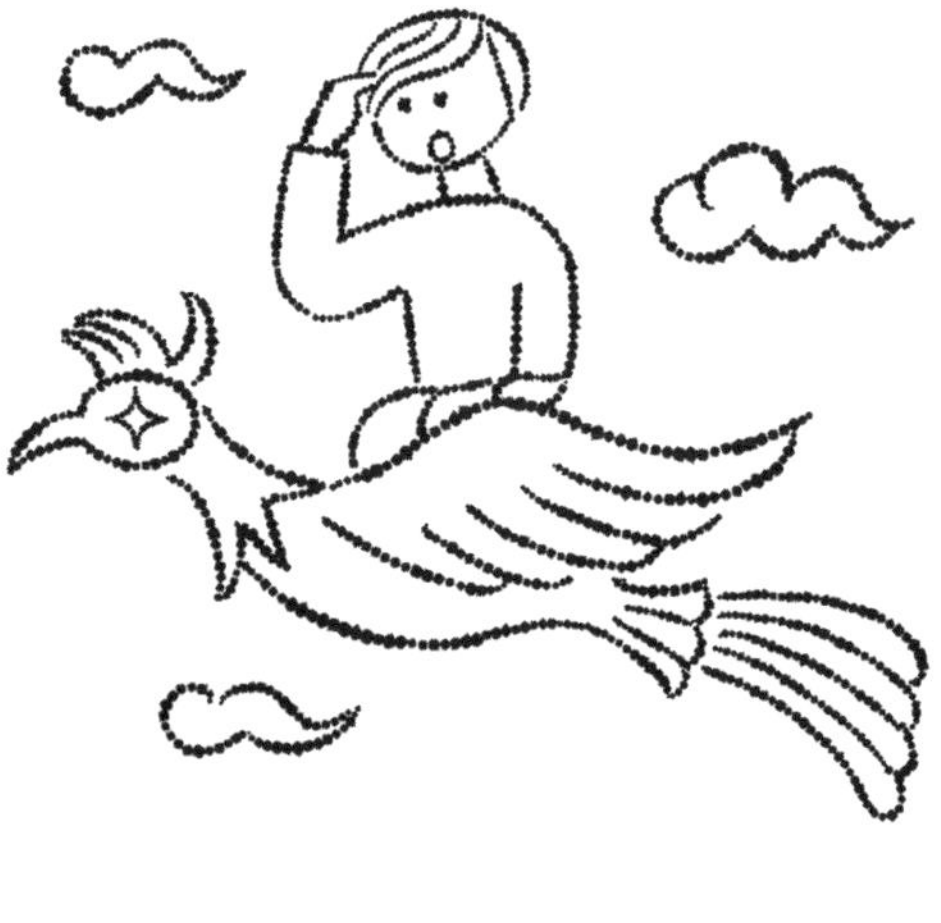

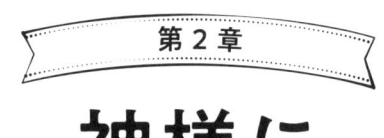

人間が生きているのは三次元の世界。物質の世界です。

この世界で、私たちは**「心（意識）」**という本体の上に肉体をまとって生きています。

この「心」は物質ではありません。ひとつ上の次元に存在していて、目には見えません。

魂は私たちの肉体に宿っています。


「心」はポジティブなときもありますし、ネガティブなときもあります。

でも、あなた次第で変えられるものです。

肉体は親からもらったものですが、「心」は自由です。

前向きな思考を持ち、意識を高めることは誰にでもできます。

お金もかからないし、特別な技術もいりません。

私たちの「心」は自由です。

自分の「心」次第で変えていけるのですから、変えなければ損ですよね。


「心」の状態が現実の世界に表れます。

意識が言葉になり、行動を起こすエネルギーになります。

運気を引き寄せ、好転するための鍵こそ意識。

すべては意識・思いから始まります。

今こうしている間にも常に意識を上げていけば、幸運を引き寄せられます。

どんどん運気が好転します。


言葉も物質ではないので、目には見えません。ひとつ上の次元に存在しています。

あなたの意思で、あなたの肉体が発した言葉は、あなたが一番近くで聞いています。

要するに、自分が発している言葉に一番影響されているのは、あなた自身です。

「ありがとう」「感謝します」という言葉を発していれば、何よりもあなた自身にその言葉が届くのです。


運気を上げるのに必要なのは、ポジティブな思考といいエネルギーを発する言葉。

日々の心がけ次第で、自然と肉体も健康になっていきます。

意識の持ち方を変えてどんどん運気を好転させ、幸せな人生への扉を開けましょう。

相《そう》似《じ》の徳積み

相似というのは
相に似ると書きます。
そして、同じ形のまま
拡大・縮小したりする
という意味です。
とても深い言葉で、
人生にも通じているので
「相似の法則」と呼んでいます。

愛が欲しい。お金が欲しい。

人間は得ることばかりを考えてしまいがちですが、**何かが欲しいと思ったら、まずは出すことです。**入ってこないと嘆《なげ》く前に出すのです。

なかなか入ってこないのは、そもそもあなたが出していないからなのです。

人に愛されたいのなら、自分が愛する。

お金が欲しいのなら、お金を出して世の中に循環させる。

すべては出すことが先です。

入るのを待つのではなく、まず出す。

世の中は、出すから入るようにできています。

出すことでエネルギーが循環します。

出せば出すほどに循環が起こり回っていきます。

出すことから自分の豊かさがあることがわかり、感謝も生まれます。

徳を積むことにもつながり、物事がうまく回っていくようになります。

人間の目が前に付いているのは、前向きに生きるため

目が前向きに付いているのはなぜでしょう。
前へ前へと進むためではないでしょうか。
未来の目標に向かって、
前向きに歩いていきましょう。

人間の目は前に付いています。
その理由は、人間の歩む道は後ろにはなく前にあるからだと、私は思っています。
振り返らないで、常に明日を目指して一生前向きに頑張りなさいということです。

人間が自らの意思で変えることができるのは、自分と未来だけです。
他人と過去を変えることは、誰にもできません。

だから振り返っても仕方ない。
歩いていく道が違っていると気づいたら、自分の進みたい道に方向転換すればいい。
立ち止まったとしても、また歩きだせばいいのです。

目の前が開ける感覚は、あなたが前を向いて歩き続けたことで波動が変わり、一段階上の自分に到達したということでもあるのです。

見方が変われば
すべてが変わる

昔からよく
「病は気から」「気の持ちよう」
と言います。
気とは人間の体内や
この世界すべてに満ちるエネルギー。
良いことを信じればそうなり、
悪いことを信じればそうなるのです。

「病は気から」は、病気は気の持ちようによって良くも悪くもなるという意味のことわざですが、実際に精神的ストレスが原因で免疫力が低下することもあります。明るい気持ちで前向きに考えていたほうが病気は良くなり、暗く悲観的な気持ちでいると悪くなるということです。

「きっと治る」「大丈夫だ」といった心持ちでいたほうがいいのです。

昔の人は「気の持ちよう」だと、ちゃんとわかっていたのです。

- **「ないもの」を嘆くのではなくて「あるもの」に幸せを感じる** ↓ 若さはないけれど、経験はある
- **ピンチや失敗は次に成功するチャンス** ↓ 挑戦できて感謝
- **人の欠点を探すよりも、いいところを探す** ↓ 「いいかげんなところが嫌い」を、「いいかげんはいい加減」ととらえる

考え方、見方を変えるだけで、世界はまったく違って見えてくるのです。

本来の自分の姿を脳に記憶させる

人と比べていませんか？
幸せになるためには、
自分らしく生きることです。
自分という人間を肯定していますか？
自己肯定感を高めることは、
幸せな人生を送るために不可欠です。

生まれたときは本来の自分。でも人は環境や人間関係に影響を受けます。そのうちにプライドや羞恥心《しゅうちしん》、恐怖心などを身につけ、自分の本来の姿を見失いがちです。親の理想を生きている人や、自分を守るために強固な鎧《よろい》をまとって生きなければならなかった人もいるでしょう。

自分の人生を生きるとは、自分らしく生きて、幸せをつかむこと。

「本来の自分」は「なりたい自分」ではありません。

本来の自分に戻るというのは、自分が身につけてきた鎧をひとつずつ脱ぎ捨てて、ありのままの自分を肯定すること。人と比べたり、他人の目を気にする必要は一切ありません。

本来の自分が好きなこと、得意なこと、ワクワクすることはなんでしたか？

・子どもの頃に憧《あこが》れたヒーローは？　なりたかった職業は？

・ずっとハマっているものはありますか？

・ひそかに「自分のここがいい」と思っているところはどんなところですか？

心に問いかけてみると、**幸せになるための鍵**が隠されているかもしれません。

目的を叶えるためには毎日口にする

「口」という漢字に
「プラス」と書いて「叶う」。
言葉に出せば願いは早く叶います。
何度でも言葉に出すと
自分の神様を目覚めさせるのです。

言葉というものは偉大です。どんなことも一日１００回口に出して言えば叶います。
イメージして強く思い、それを言葉に出せば、すぐに形になります。

なりたい自分を毎日言葉に出す習慣、クセをつけましょう。

ポジティブな言葉をかけ続けた水からはきれいな形の結晶ができたという実験や、祈りを捧《ささ》げた沼や池の水がきれいになったという実話もあります。

人間の体も6~7割は水でできています。ポジティブな言葉を発している人の結晶はきれいで、そういう人がキラキラとしたオーラを発しているのかもしれません。

目標を口に出す　↓　あなたの目標があなたの耳に入る　↓　脳にもインプットされる

そうすると脳が常に目標を意識するようになり、目標を達成した自分があたりまえの感覚になり、その姿を自然とイメージするようになります。

自分が得たい結果をノートや紙に書き出すのもいいでしょう。

「書くこと」だけでなく「見ること」が大事。重要なのは**脳に「認識」させる**こと。

さらに「口に出して読む」。

ノートを見える場所に置いておき、朝に夕に、何度も言葉に出してみましょう。

他人は自分を映す鏡

目の前にいる相手は
自分を映す鏡です。
あなたがしていることが、
相手から返ってくるのです。
笑顔で接していれば
笑顔が返ってきます。

人間は目の前の相手が発している波動を受けとり、波動が合っていればいい印象を受けますが、その反対の場合もあります。

相手に笑ってほしいな、笑顔でいてほしいな、と思ったら、自分が笑顔になり、自分が笑う。

相手が不誠実だと感じた場合は、自分の態度は誠実であったかどうかを考えてみる。

「そんなことありません。私が笑顔で接しているのに、相手は頑《かたく》なな態度のままです」という場合もあるでしょう。

もしかしたらあなたは相手を変えるために笑顔で接していただけで、本心からは笑っていなかったのかもしれません。

そういう相手は**「他人を変えることはできないし、波動が合わない相手に無理に合わせることはない」**ということを、鏡となってあなたに見せてくれたのです。

自由な心を大切にする

すべての人間に与えられたもの、
それは「自由」。
とはいえ「自由」は
案外厄介だったりもします。
でも、厄介だからこそ
面白いのが人生なのです。

人間は神様から自由な心と行動力を授《さず》かりました。
神様がいるから困ったことが起きるのだと私は考えています。
人間は何をやってもいい。自由なのです。人間は神様のロボットではありません。

神様がなんでもかんでも決めて、なんでもやってくれるなら、そもそも人間なんていらない。なんのために生まれたのかわからない。

神様は人間に**自由**というものを授けました。自由とは扱いやすいようで、とても扱いにくいものです。

自由があるから失敗もします。自由という心をつかってさまざまなことを体験し、心を磨くことができます。神様はとても貴重でとても難しいものを授けたのです。

どうやって人生を歩んでいくかは自己責任。

挑戦して失敗して、努力して、また失敗して……の繰り返し。そうやって経験を積んで自分を作り上げて、何かの境地に達し、悟る。そしてまた次のことに挑戦して……と、長い人生、ずっとやっていくわけです。

周りの評価？　周りの期待？　周りの目？　そんな実体のないものには束縛《そくばく》されなくていいけれど、それを選択するのも自由です。あなたの人生はあなただけのものです。

人間には行動の自由があり、行動した人だけが自由な生活・自由な人生を手にすることができ、そこに「心の自由」があるのです。

今見えている世界は心が作り上げたもの

私たちの肉体は
三次元（現実の世界）を生きています。
でも私たちの心は形がなく、
もうひとつ上の次元のものなのです。
すべての物事はひとつ上の次元から
三次元に起こっているのです。

私たちは三次元を生きています。肉体と五感を使って世界を感知します。

三次元にあるのは顕在意識　↓　普段、目で見える世界です。

私たちには「心（意識）」がありますが、現実の世界よりひとつ上の次元、四次元にあります。

ひとつ上の次元にあるのは潜在意識　↓　目で見えない世界　です。

目に見える世界ではないので説明するのも難しいのですが、たしかにあるのです。

人間は、肉体と心を行ったり来たり、つまり次元を行ったり来たりして生きています。

すべてのものはひとつ上の次元　↓　「心（意識）」から起こっています。

あなたの目の前にある物質は、最初は人間の脳内で「こういうものがあったら便利だろうな」と思い浮かべ、現実の世界で具現化され、生まれたものです。

自分の「心（意識）」で生まれたものを具体的に思い描き、毎日言葉にすると、現実の世界に形になって早く具現化することができるようになります。

意識を幸せにする具体的な方法

これから起こることは
あなたが毎日言葉に出すことと、
あなたの「イメージ」で変わります。
「絶対大丈夫」と脳に叩きこみ、
願いが叶った後のイメージを抱き、
毎日言葉に出しましょう。

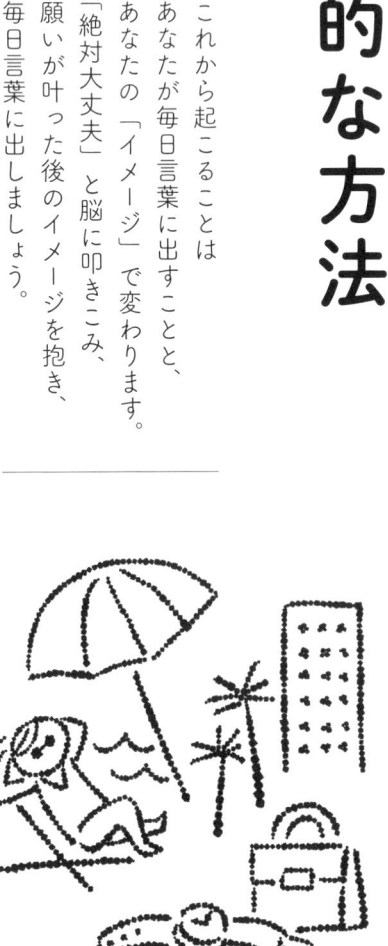

願いを言葉に出すことが大事です。
言葉に出したうえで、嬉しくて喜んでいる姿を想像します。

◎夢が叶ったらどういうことが起こるかを想像してみましょう

どういう姿なのかは人それぞれでなんでもいいのですが、具体的な例をあげてみます。

❶お金持ちになりたい人が描くイメージの具体例

- 目標額が貯まっている貯金通帳
- 理想の間取りの一軒家で暮らす姿
- タワーマンションから見える景色
- ハワイの別荘でくつろぐ姿
- 憧れのブランドショップで、予算を決めずに買い物をしている光景
- お金持ちが集まるパーティに出席している自分

どんな願いにおいても、大事なのは強く思うことです。
そして、毎日言葉に出すことです。

❷恋愛を成就させたい人が描くイメージの具体例

- **理想のパートナーと楽しいデートをしている光景**
- **結婚式で祝福されている笑顔の自分**
- **家族になり、子どもたちに囲まれて幸せに笑っている未来**

「いつか結婚したいな～」と漠然と思うより、「1年以内に結婚する」とはっきり言葉に出すこと。

相手の顔やスタイル、性格……お金持ちの人、趣味が同じ人、楽しい人、やさしい人……はっきりイメージして、そういう人にふさわしい自分になれるよう日々努力しつつ、前向きな気持ちで過ごすことです。

❸健康になりたい人が描くイメージの具体例

- **痛みから解放され、元通りに身軽に歩いている感覚**
- **病気や怪我が治って、前々から行きたかった国へ海外旅行をしている自分**
- **退院して職場復帰し、周りの人に祝福してもらっている光景**

心を前向きに、健康にすることが大事だと、私の寺に来る人たちにも常に話しています。とはいえ、体が病気になったら、なかなか心も元気でいることは難しい。自分が7年間、病に臥《ふ》せったことがあるので、気持ちはわかります。

でも、笑うとがん細胞が消えるという研究もあったように、笑うことは免疫力アップにつながります。

「必ず治る」「治って元気になった」と、言葉で言い切る。

たとえ体は起き上がれなくても、脳は自由。

イメージしましょう。

願いごとは言い切る

「～しますように」
「～できますように」という願望。
願望ではなく
「～します」という現在形や
「～できました」という完了形
のほうがいいです。
「～しつつあります。
いい方向に進んでいます」と、
進行形で報告するのもいいでしょう。

成功する人は、必ずといっていいほど願いごとを言い切っています。

「売り上げが上がりますように」と願うと、潜在意識は「今は売り上げが足りない」という否定の概念にフォーカスしてしまいます。

「売り上げを上げる」と**断言**。

さらに強力なのは、叶ったことを前提に「売り上げが上がりました」と、**言い切る**こと。

願いが叶ったときの感謝や喜びを先取りして感じ、すでに叶っているかのようにふるまうことが、願いを現実に引き寄せる鍵となります。

ポジティブな思考と強い信念が、望む現実を引き寄せる力となるのです。

願いごとがすでに叶ったものと宇宙に伝わり、現実の形になって降りてくるでしょう。

私は「未来の世界……あるいはこの大宇宙に『**楔《くさび》を刺す**』」という言い方をします。

『代理祈願』といって、身近な人の代わりに祈願することもありますが、**主語は自分**のほうがいいでしょう。

「◯◯さんの病気が良くなりますように」という願いは、「**私は**また◯◯さんと楽しい思い出を作ります」と、**あなたを主語にして言い切る**といいでしょう。

一生懸命考えると、ひらめきが降りてくる

ひらめきや直感は目には見えませんし、いつ降りてくるのかもわかりません。
常日頃から努力・精進を続けている人は、ひらめきを受けとりやすくなります。
自分が高い波動を発しているからこそ、訪れる瞬間なのです。

何か目標を立て、自分を信じてひたすら手や体を動かし、一生懸命努力をすると、あるときふとひらめきが降りてきます。

粘り強くやり続け、悩み、考えるという日々の蓄積があったからこそのご褒美《ほうび》なのかもしれません。

たとえば私が自分の寺を良くしたい、来てくれる人を救いたいと、日々一生懸命考える。考え続けていると思いが潜在意識に入っていき、ぱっとアイデアやイメージがひらめく。集中し、研ぎ澄まされた状態にあると、さらに降りてきやすい。

それは「**神様の知恵がもらえる**」ということではないでしょうか。

神の知恵袋が割れて、降りてくるのです。

一生懸命考え、努力をしたこと——自分自身が高い波動で毎日を過ごしていたからこそ、メッセージを受け取れたのかもしれません。

100人で祈れば大きなエネルギーになる

「祈り」とは「意《い》宣《の》る」こと。
自分の意思や意図を宣言することです。
瞑想をしてひとり静かに
祈る時間も大切です。
大勢で心をひとつにして祈ると、
さらにエネルギーは高まるのです。

子どもの頃から「明日天気になあれ」と祈るように、祈りは私たちの生活に密着しています。祈りとは、自分自身や周りの人々、社会などに対する願いや願望を、神や宇宙、自然などの大いなる存在に託すこと。

五穀豊穣《ごこくほうじょう》の神に豊作を祈るなど、日本には古来さまざまな祈りの形があります。

「いただきます」や「ごちそうさま」、そして「ありがとう」にも祈りが込められています。

日本人には祈りのＤＮＡが刷り込まれているのです。

みんなで祈れば集合意識となって、かなり強力なエネルギーになると思います。

病気の人が大勢の人たちから祈りを送ってもらうと回復の効果がある、という実験結果があります。

チームのみんなで心をひとつにして勝利に邁進《まいしん》したり、会社のみんなでひとつの目標に向けてエネルギーを高めたりと、さまざまな場面で**祈りのパワー**は発揮されます。

祈ることで他人とつながっている感覚を得て、自分自身が満たされ、相乗効果でどんどんエネルギーが高まります。

祈りには、目には見えないが、すべてのものを動かす氣・エネルギーがあるのです。

世界平和を祈る

壮大な話のように思えますが、
世界平和の中には
あなたも含まれています。
大切なのは
自分が幸せであること。
幸せな人の輪が広がっていけば、
世界平和が実現します。

人間はエネルギーの塊でできています。

運気を上げて大宇宙のエネルギーと一体になり、奇跡を起こすことも可能なのです。

世界平和がなければ、私たちに真の平和はありません。

逆に、世界が平和になるためには、それを願うあなた自身がまず平和であることが絶対条件です。

自分が幸せになれば、家族、友人、地域、社会、国家、世界と、幸せの輪が広がっていきます。広がっていけば、戦争のない世界・平和な社会を築くことができるのです。


まずは一人ひとりが幸せになる。

幸せな人が集まって、光の波動を広げていく。


世界平和は人類の思いです。

自分のことを願ったあとは「世界は平和になります」と祈ってみてください。

世界平和を祈ることによって、あなたの願いも叶っていきます。

だって世界の中には、あなたも入っているのですから。

奇跡の寺の体験談 ❷

予祝・塩アイマスク……いろいろとやってみています

（Mさん・女性）

先にお礼参りをすることで、実現を引き寄せる

私は自分でもヒーリングサロンを経営しているので、見えないものの波動を感じるなど、敏感な体質だと思っています。最初に**円明院の奥の院**に上がったときは、揺れている感覚がして立っていられなかったので、本物のパワースポットだと感じました。ご住職のご講話を聞くのも好きだし、早朝祈願の際にみんなで立ち上がって大きな声で笑うのも大好きで、足繁く通ってはライブ会場のように声を出して楽しんでいます。

ご講話で**「願いごとは叶った状態で言うといい」**と聞いたので**「だったら叶ったことにして先にお礼参りをしたらいいのでは？」**と、あるときふとひらめきました。夢が叶った状態をイメージし、「売り上げが上がりました。ありがとうございました」とお礼参りを

してみたところ、物事が起こるサイクルが早くなったというか、仕事がどんどん入って売り上げが上がったり、いい波動を発している人との出会いがあったりと、どんどん引き寄せられるようになったのです。お礼参りは、心をワクワクさせることで願いを引き寄せる「予祝」みたいなものでしょうか。それからは頻繁《ひんぱん》にやるようになりました。

塩の効果で父親の目の病気が治る

数年前、父が目の病を患《わずら》いました。左右の目の焦点が合わなくなり、脳波の検査などもしてもらったのですが異常はなく、原因不明。運転もできないし、日常生活すら危うい状況でした。

そこで、**円明院のパワー入り塩**はどうだろうと思いつきました。普段から**盛り塩**をしたり、**お風呂**に入れて使っていましたが、父の目にもいいのではないかと。

お塩をファスナー付きのプラスチックバッグに入れて目の上に載せて、アイマスク代わりに**「塩アイマスク」**を毎日やってもらいました。そうしたところ一ヶ月半ぐらいで父の目がピタッと治ったのです。その後はすっかり元気になりました。

しばらくしたら、夫の会社の従業員が父と同じ症状になってしまいました。父と同じように**「塩アイマスク」**をやってもらったら、その人も治りました。お医者さんもビックリでした。

円明院を広めることは『法徳《ほうとく》』

ご住職がご講話で『徳を積みましょう』と話されますが、その中で『**良いことを広めることは【法徳】**』とおっしゃっています。だったら、私が素晴らしいと思って通っている円明院を広めることは**徳を積むこと**だと思い、**SNSで発信**しています。仲間の輪が広がり「行ってみたい！」と言ってくれる方もいるので、車で一緒に来ています。円明院ミニツアーですね。先日は淡路島《あわじしま》から参加した方もいました。

SNSでつながった仲間で、円明院が気に入りすぎてボランティアとして月に何日も通っている人もいます。

最近では奥の院からTikTokライブをやっています。感動の輪がさらに広がっていくと嬉しいですね。

第3章

神様に
好かれてお金と
成功を手に入れる方法

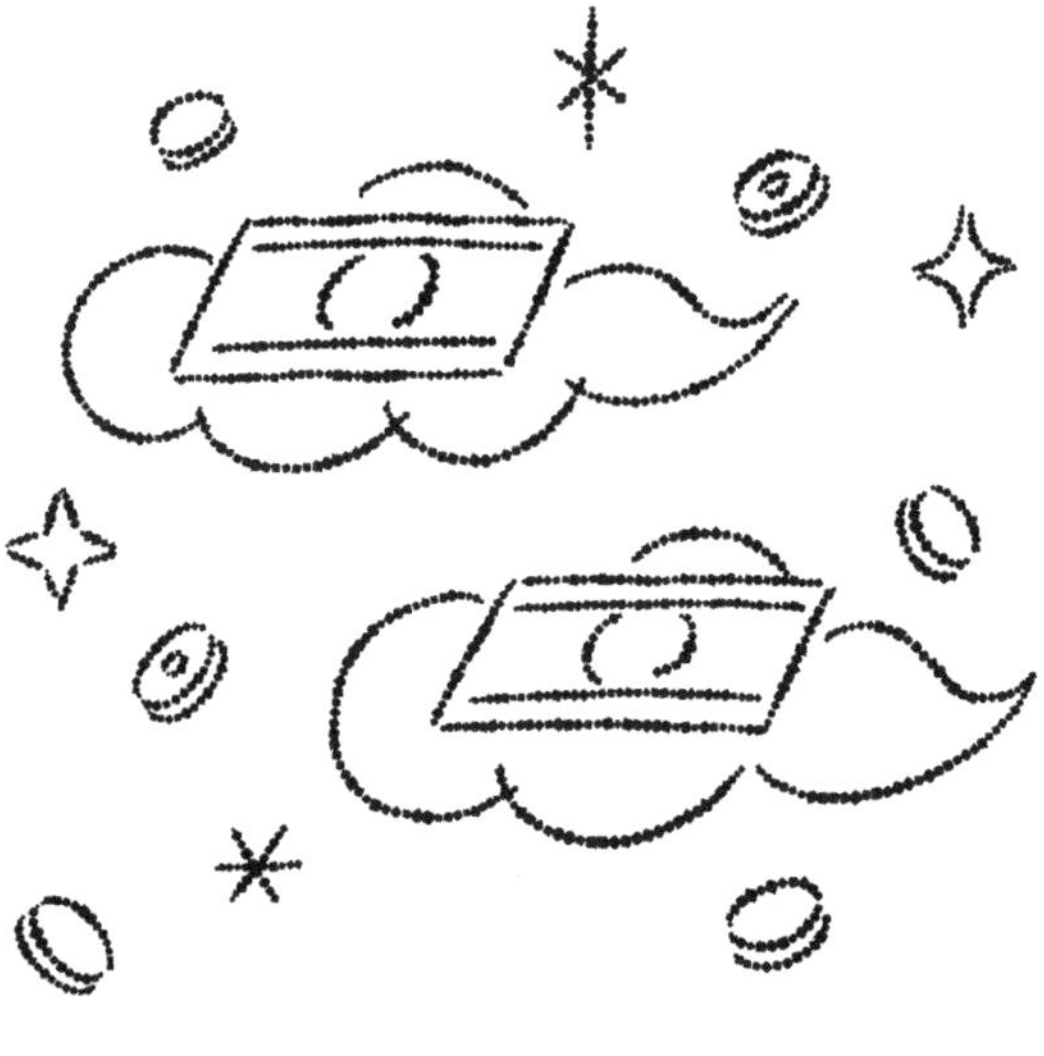

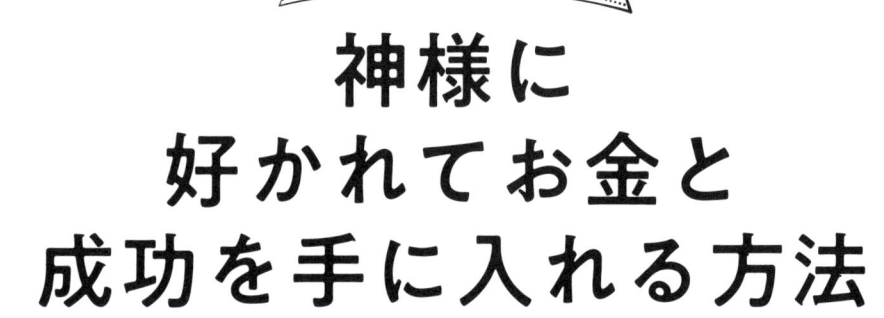

あなたはお金が好きですか。私は好きです。自信を持って大声で言えます。お金自体も好きですが、お金を手にしたその先にある感情に到達したい。自分が欲しいと思ったものを手にできたら、幸せな気持ちになれます。その感情をいつでも味わいたい。常に幸福感を得ていたいのです。

- **人生は好きなことをするためにある**
- **新しい世界を体験できる**
- **つらいこと、苦しいことは避けていい**
- **心にいつも余裕がある**
- **人を妬《ねた》んだり愚痴を言ったりしない**
- **困っている人がいたら手をさしのべることができる**

お金を持っていれば、このような世界の住人になれるのです。お金も人も「氣」の良いところに巡ってきます。

「清貧」という言葉がありますが、お金がなくても幸せで、心が高潔ならいいのです。質素でも満たされていればいい。

ただし「お金がなくてもいい」と、開き直ってはダメ。お金持ちの悪口を言って、あれこれと理屈を言って、今の自分を正当化していても仕方がない。

貧乏なのは、自分がそちらの人生を選択しているのです。

お金持ちになるなら、「お金のない」自分と決別しましょう。

人生にはいくつもの岐路があり、岐路に立ったときに人はどちらへ行くか選びます。

そのときに「お金持ちになる」道を選んで歩いて行けばいい。

- **お金持ちを否定していてはお金持ちになれない**

- **お金に感謝をすることで、世界のとらえ方は180度変わる**

『幸せなお金持ちになる』生き方を身につけましょう。

お金を好きになること

お金持ちになりたいのなら、
お金を好きになりましょう。
お金と相思相愛になって、
幸せになりましょう。
あなたが幸せになれたら、
社会に還元《かんげん》すればいいのです。

お金持ちはみんなお金が好きです。

そして**お金は、お金が好きな人のところに集まります。**

これまで何人ものお金持ちを見てきましたが、お金持ちはきれいな財布にきれいにお札を並べています。ポイントカードであふれていたりはしません。

そしてお金持ちはお金が好きだからこそ、無駄なことにはお金は使いません。

価値のあるものにお金を使います。

価値のあるものを見分ける目も肥《こ》えてきます。

価値のあるものに支払ったお金が循環して、さらに大きな利益を生むこともあります。

お金があれば、「お金がないからできない」という制約がありません。

自由を手に入れるためのツールとしても大切です。

幸せや愛を買うことはできませんが、お金を持っていればさまざまな経験ができます。

経験は人を成長させますし、同じレベルの人たちが寄って来るのです。

お金の悪口は
絶対に言わないこと

お金の話をするのは
品のないこと、
恥ずかしいこと
だと思っていませんか？
人前でお金の話をするのはタブー？
そんなことはありません。

日本人は長い間「質素倹約し慎《つつ》ましく生きること」が「美徳」と考えてきました。
世の中お金だけではない。たしかにそうです。
立派な人になるのにお金は必要ない？　そんなことはありません。

◎**お金がないと得られない経験や幸せがある**
◎**社会貢献をするためにもお金は必要**

お金にも**波動**があります。
お金が来てくれたことを喜んでくれる人のところに行きたいのです。

×**「人生は金じゃない」**
×**「これっぽっちしか稼げない」**
×**「金はトラブルの元」**
×**「お金なんていらない」**

こんな悪口を言うと、お金が逃げていってしまいます。

お金に毎日感謝の言葉をかける

私たちの生活を支え、
心を豊かにしてくれるお金。
一枚の紙だけれど、
お金にも命があります。
感謝の気持ちを
常に忘れないで
声をかけてあげましょう。

言葉には言霊があり、日々の運気をアップするためには「ありがとう」「感謝します」などの言葉が大切。

お金に対しても同じことです。

紙幣は植物繊維から作られているので、もとは命のあったもの。

命があると思ったら粗末にはできません。

不思議なもので、感謝していると愛着がわき、無駄遣いはしなくなります。

あなたの人生に必要不可欠な**お金に、毎日感謝の言葉を伝えましょう。**

「おはよう」

「うちに来てくれてありがとう」

「行ってらっしゃい」

「また帰っておいで」

「いい仲間を連れてくるんだよ」

お金だって、感謝してくれるあなたのもとに戻りたいと思ってくれるはずです。

お金は家の中心、日の当たらない暗いところに置く

お金は落ち着いた場所が好きです。
お金にとって居心地のいい場所に置いてあげましょう。
お金、財布、通帳、印鑑、権利書、宝くじ……。
ほかにも大事なものは同様です。

お金は置く場所も大切です。

いろいろな人の手に渡るお金ですが、あなたの家では居心地よく過ごしてもらいましょう。

そうすればお金もあなたの家にいることを喜び、**金運がアップ**します。

お金は火と相性が良くないので、日当たりのいい場所やキッチンは苦手です。

暗い場所のほうが好ましいですが、じめじめした場所はいけません。

家の中心の、引き出しや棚の中などがいいでしょう。

通帳や権利書など、お金に関するものもそうです。

宝くじも暗い場所に置いたほうが当たりやすいと言われています。

大事にするという意味では、**入れもの**も重要。

銀行からお金を下ろしてきたまま無造作に封筒に突っ込んでおいては、お金も大切にされている感覚がなく、悲しむでしょう。

木の箱やきれいな封筒などに入れて、保管しましょう。

1万円神様の祀《まつ》り方

縁があってあなたのもとに
来てくれたお金に感謝しましょう。
一万円札を祀り
「ありがとう、感謝します」と
毎日お祈りをすることで、
あなた自身の
お金への感覚も
磨かれていきます。

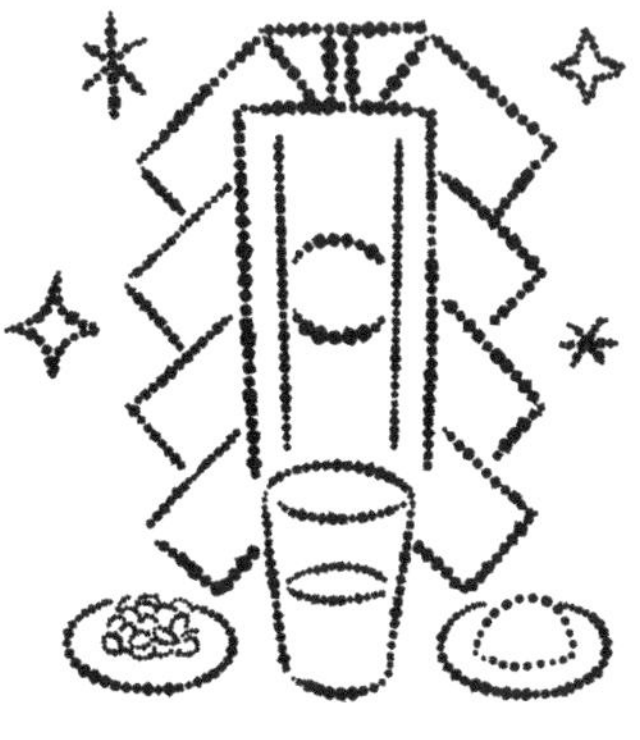

◎「1万円神棚」の作り方

❶ピン札でなくても構いませんが、**なるべくきれいな一万円札**を選びましょう。

❷**御幣束**《おへいく》（※1）がある場合は一万円札を立てかけ、神棚の真ん中にお祀りします。神棚がなければ棚の上などでも構いません。目線より高い位置にお祀りします。御幣束がない場合は、手元にある代用になるものでいいでしょう。お住まいの地域によっても祀り方が異なります。形よりも毎日続ける気持ちが大切です。祭具がすべて揃わなくても構いません。

❸一万円札の前に、真ん中にお水、左右にお塩、お米を小皿に入れてお供《そな》えします。あればその両脇に御神酒《おみき》、さらにその両脇に榊《さかき》をお供えします。（※2）

❹毎日「ありがとう。感謝します」と、一万円札に手を合わせることが大切です。

「１万円神様」の神棚を作って、毎日手を合わせましょう

ご準備できる方は、右ページの図を参考にされてください。

祭具がすべて揃わなくても、構いません。

目線より高いところに、**自分なりの「1万円神棚」を作り、毎日手を合わせる気持ちが大切**です。

※1
「御幣束」とは、神様を祀る祭具（神具）です。神主さんが祈禱《きとう》の際に振るったり、神社の御神体の近くに祀ってあったりする紙の部分「紙垂《しで》」と、木で作られた「幣串《へいぐし》」で構成されたものです。

「弊串」の先端に「紙垂」を挟み込み、一体化させたものを「御幣束」と言います。

もともとご自宅にない方は無理せず、今あるもので工夫してお祀りされるのでも十分です。

※2
必ず左右対称にお祀りしなくてはいけないということではありません。ひとつだけでも大丈夫ですし、お塩とお米の位置も、左右どちらでも結構です。小皿もご自宅にあるもので構いません。ご自分のできる範囲で簡略化しても結構です。

「お金持ちマインド」を身につける

早くお金持ちになりたいなら
お金持ちのマインドを
身につけるのが近道。
考え方、稼ぎ方、使い方……。
参考になることはたくさんあります。

お金持ちになりたかったらお金持ちとつきあって、お金持ちの考え方を吸収するのがいい。
そうは言っても、お金持ちとはなかなか出会えるものではありません。

まずは**お金持ちのマインド**を手に入れましょう。

お金持ちは「お金」を大切にすると同時に「時間」を大切にします。

ダラダラ寝坊をしたり、行列に並んで物を購入したりはしません。

むしろ、**「お金」を使って「時間」を買います。**

仕事で家事に手が回らない場合は家事代行サービスを使うなど、自分にとっての優先順位がわかっています。

空いた時間を有効に使って体を鍛えたりと、自分に今、何が必要かをよくわかっていて実に効率がいいのです。

「今の生活を持続させたい」「より幸せに、より豊かになりたい」という気持ちが強いので、お寺や神社の参拝、山登りをするなど、**神聖な場所で過ごす時間も大切にしています。**

自己投資や勉強代、自分をリセットする時間は惜しまないのです。

年を数えるならお金を数えろ

今さら言っても仕方がないことは
言っても意味がない。
そんな時間があるなら、
今、自分にいくら資産があるのか、
これからどうやって
増やしていくのかを数えたほうが
何倍も有意義です。

お金持ちは時間を効率的に使います。
失ったものを数えていたら前に進めません。
失ったもので絶対に戻らないのが時間。若さに固執しても意味がありません。
「私が30代の頃はすごかった」などという自慢も不要。
「もう50代だからできない」などという自虐も不要。

◎今ある武器　＝　「資産・体力・能力・経験」を最大限活かして生きること

経営者の中には徹底して数字にこだわる方もいます。
売り上げがいくら見込めるかを把握《はあく》するのはもちろんのこと、目標はいくらで、達成するのにどれぐらいのコストと時間がかかるか。

お金を儲ける才能のある人は、数字に強い。
すべて数字で表すことができないと、仕事のできる人間にはなれません。

お金持ちは財布にもこだわる

お金持ちは
「さすがお金持ちの財布」
と思われるような
財布を持っています。
いい財布を持つことで
自分の意識も変わり、
周りの見る目も変わります。

お金持ちは質のいい財布を使っています。

お札が折れ曲がらないよう、長財布を使っている方が多く、お札の向きをそろえ、スッキリと使っています。

財布を鞄の中に入れっぱなしにしたり、出がけに毎回どこに置いたか探すようなことはありません。決まった場所に置きます。

お金を払うとき、受けとるときの仕草も優雅で丁寧。

すべてにおいて**お金に対する意識が高い。**

一粒万倍日《いちりゅうまんばいび》に財布を新しくするといいなどの説もありますが、**少なくとも2年に一度は新調して、お金に心地好く過ごしてもらいたい**ものです。

自分が求める機能性、好みの色、デザインのお財布を使えば、お財布を手にするたびにワクワクでき、お金を使うときにいいエネルギーが循環します。

「この財布にふさわしい自分でいたい」という意識も高まります。

お金持ちはお金を愛しているからこそ、お金の居場所である財布にもこだわるのです。

宝くじが当たったら
何割かは寄付

「当たりますように」と、
夢も一緒に買う宝くじ。
もしも高額当選したら？
当たらなかった人たちの
恨みを身に受けないよう、
幸せなお金の使い方をしましょう。

高額当選した人は、最高に運がいい人。

とはいえ、大勢の人たちの負の念を抱えることになります。

購入者たちからは「なんでアイツだけ当たるんだ？」「はずれて悔しい……」。

購入していない人たちからも「お金は苦労して手に入れるものだ」と、妬み嫉《そね》みの念を受けます。

マイナスの集合意識はとてつもないエネルギーを生みます。

大勢の羨望《せんぼう》と恨みを一身に受けるのですから、**運気好転**の観点からいうとあまり良くないとも言われています。

当選したお金を自分だけのために使うと、運気の流れが滞《とどこお》りやすくなります。

高額当選したら、少なくとも一割は人類や社会に還元し、徳を積みましょう。

今住んでいる自治体・被災地への寄付など、方法はなんでも構いません。

手放し、循環させると、さらに金運はアップします。

神様に使ったお金・祈願・御礼は生きたお金

お金持ちや成功者は、
神社や寺を信仰する人が多い。
自己投資、健康維持のため、また、
人智を超えた「強い運」が必要だからです。
神様に使うお金は、運気を上げ、
自分をいい状態に保つための
生きたお金なのです。

寺や神社のお賽銭《さいせん》は、神様に日頃の感謝を伝えるために納《おさ》めるお金です。お賽銭を入れることで穢《けが》れを祓《はら》い、身を清める「浄財《じょうざい》」の意味もあります。

参拝しているときは静謐《せいひつ》な空気に包まれ、エネルギーが上がりますが、日常に戻ると邪気がつき、運気がダウンしてしまいます。

だからこそ、**成功している方は定期的にお参りをする**のです。

参拝した際に使うお賽銭や祈禱料などは、神様仏様にお祈りをし、感謝を伝える「決意の金額」。

人々が神様を敬《うやま》うことでエネルギーをいただき、心の浄化と感謝の気持ちで運気がアップします。

人間が神様に捧げるお金と、神様のエネルギーの循環。

その関係性と重要性を実感している方たちは、神様に使うお金は生きたお金だとよくわかっているのです。

奇跡の寺の体験談 ❸

「平凡な人生で終わりたくない」と74歳で起業しました

（Sさん・男性）

初めのうちは場所の氣が高すぎて自分がついていけなかった

円明院に初めて来たのは東日本大震災前でした。それから10数年通っていますが、最初のうちは奥の院に上がっても、なんだか落ち着きませんでした。場所の氣が高すぎて、しっくりこなかったのです。

でも、ご住職の講話を聞いて『**氣を上げる**』という言葉にピンときました。人生で一番大切なことだと気づきました。

自分の氣が上がっていくにしたがって、だんだんと円明院が居心地のいい場所になってきました。自分の体に氣が満ちていくのを実感するようになりました。

その頃の私は仕事を続けていましたが、「このままただ歳を重ねていくだけだろうか」「私の人生は、実に平凡だった」「これで終わっていいのか……」常にそんなことを考えていました。

笑顔を心がけたことから運気が好転

この歳になると、いろいろとためになる話はたくさん聞いてきましたが、いざとなるとうまく実践できません。しかし、円明院のご住職の話は実践できることが多くありました。一番気軽に実践できたのが『**笑って生きる**』こと。それまでは笑うことを意識したことはありませんでした。若い頃に仕事関係者に騙《だま》されたことがあり、人を見たら警戒するようになっていました。

しかし、ある時から「自分を変えよう」と決意。人に会うときは笑うことにしました。そんなある日、ある方の紹介で仕事の話をされました。東京の方でした。それまでの私は、東京は怖いところだという思い込みがありました。でも『**笑うと心が開いて楽になる**』『**何が起きても笑っていればうまくいく**』というご住職の言葉を胸に、笑顔でその人に会ったところ、トントン拍子で話が進んでいくようになりました。

それまでの私だと「オイシイ話には裏がある」と、疑《うたが》ってかかっていたはずでした。

しかしその時は、ご住職の『**直感を大事にしろ**』という言葉を思い出したのです。

そうすると気力が高まっていって、今までにないような高揚感を覚えました。うまくいきそうだ。この話は信用して大丈夫だ……と、思えたのです。

トントン拍子で話がうまく運び、ついに起業

仕事は軌道に乗りました。円明院には毎週土曜・日曜に通うようにして、ご住職には「こんなことがあった」と、仕事の報告もしていました。ご住職は東京で会社を経営していた経験もあるので、電話をして話を聞いてもらうこともありました。

人と会うときは**円明院の氣の入ったパワー塩**をパパッとかけてから出かけたり、お塩の上に契約書を置いて氣を入れたりもしました。

「目標は大きく持て」とご住職にアドバイスをもらい、起業に踏み切ったのは74歳のとき。円明院に参拝を続けているお陰で、最近では私の会社で扱っている商品がテレビ番組で紹介されるなど、売り上げがアップしています。

近頃は**明るい色の上着を着る**ようになって服装も変わってきたし、笑顔でいようと心がける必要などなく、**毎日笑顔の日々**となりました。

第4章

神様に好かれるお金持ちがやっている習慣

「運気を上げるために、日々実践できることはなんですか？」

「運気を上げる行動とはどんなことですか？　逆に下げてしまう行動とは？」

「マイナス運気を感じたら、どうやって浄化したらいいですか？」

このようなことをよく質問されます。


心、言葉、行動、習慣、人生――。

ひとつを変えることですべてが変わっていくという考え方は、古今東西、さまざまな偉人たちの名言として残っています。

エネルギーは循環していますから、日々のちょっとした言葉、表情、身に着けるものを変えれば意識も変わり、意識が変われば行動も変わります。

そうすると次に起こることが変わっていきます。

「意識」が変われば「言葉」が変わる。

「言葉」が変われば「行動」が変わる。

「行動」が変われば「習慣」が変わる。

そうやって、あなた自身の波動が上がれば、いつの間にか**運気好転体質**になっています。

「運がいい人」は、自分を幸運に導く習慣を実践しているものです。

ちょっとした意識次第で、運気もいい方向、悪い方向に向いてしまいます。

運気を上げたいのなら、まずは**日々の習慣を変えていくこと**が第一歩でしょう。

最近あまりいいことがないという方は、知らず知らずのうちに自分から運気を下げる言動をしているのかもしれません。

また、忙しくて日々バタバタと過ごしているために、自分に向きあうことができずにいる人もいると思います。

そういう人はできるところから少しだけ変えていくと、**「心（意識）」を楽にすることで、運気が上がっていく**と思います。

一番大切なものは「意識」と「言葉」です。

運のいい人の考え方や、言い方を真似してみるだけでも運気は上に向いていきます。

いい知らせがあったり、いい人に出会ったり……すべては日々の心がけ、「意識」と「言葉」の習慣次第。

人に与えられた時間は平等です。**運気の上がる一日を過ごしましょう。**

24時間運気を上げ続ける方法

朝起きてから寝るまで、
一日中運気を上げ続け、
前向きに過ごしましょう。
今日も生きている喜びを感じ、
常に周りの人に感謝。
「ありがとう」と口にし、
たくさん笑いながら過ごしましょう。

- 起床：窓を開けて部屋の空気を入れ換え。さわやかな空気を取り込みましょう。太陽の日差しを浴びてエネルギーチャージを。
- 食事：笑顔で「いただきます」。旬の食材をバランス良く、よく噛《か》んで、食べ物に感謝して美味《おい》しくいただきましょう。笑顔で「ごちそうさまでした」。
- 日中：掃除、片づけはこまめに。嫌な気分がするときは塩を使って空間浄化。
- 外出：出かけるときは塩を小分けした小袋を持っていくと、パワーをもらえますし、嫌なことを浄化することもできます。
- 入浴：一日の疲れを落とすための塩浄化入浴。入浴中に「若返るぞ！」など、毎日決まった言葉を口にしたり、「明日のプレゼン、うまくいく！」などと決意を口に出してみるのもいいでしょう。
- 就寝：今日一日あったこと、人などに感謝して、眠りに就《つ》きましょう。

※塩浄化については、152ページで詳しくお伝えしていますので参考にしてください。

周りの人に愛のある言葉をかける

子どもはほめて伸ばすといい、と言われています。
大人も同じこと。
相手のいいところを探すことで、あなた自身に幸運がもたらされます。

ほめるとは、相手の価値を認めてあげること。

「あなたのこういうところが素晴らしい」「あなたの頑張りをちゃんと見ていますよ」という気持ちがしっかり伝わるように相手をほめることが、その人を勇気づけ、心を満たします。

相手の気分が良くなれば、相手の行動も変わり、あなたとの人間関係が円滑になります。部下なら幸せな気持ちで働いてくれるし、友だちならお互いにいい波動を出しあえるでしょう。

ただし、表面だけの言葉ではすぐに見透《みす》かされます。

ほめるためには、相手をよく見ることが大切です。

相手をよく見ることは、あなた自身が人を見る目をやしなう練習にもなります。

ほめることで相手の気持ちを満たすことは、巡りめぐって、自分のもとへ返ってくるのです。

水回り・トイレをきれいにする

家の中には神様がいます。
洗面所、浴室には
水の力を司る神様が、
トイレには烏枢沙摩明王《うすさまみょうおう》という
神様がいます。
水回り、トイレをきれいにすると
金運がアップすると言われています。

台所、洗面所、浴室など、水回りには水の神様がいて、家を守ってくれています。私たちが清潔な暮らしをするために必要な水。

水の神様はたくさんいますし、水龍の通り道という説もあります。

また、台所には火の神様もいるので、常にきれいな状態を保ち、水と火の氣のバランスを乱すことがないようにしたいものです。

トイレの神様として有名なのは**烏枢沙摩明王**。

火の神様で、**不潔なものを清らかな火で浄化する**と言われていますし、**金運アップ**のご利益もあります。

一日に何度も使わせていただくトイレ。厄が溜まりやすい場所でもあるので、こまめに掃除をして、厄を祓う必要があります。

トイレの神様に快適に過ごしていただくために、**感謝し、きれいにさせていただくのはあたりまえのことです。**

いつも心は小学生

いつの間にか童心を忘れて
大人になってしまった私たち。
子どもの頃は毎日ワクワク、
ドキドキ過ごしていたはずです。
退屈な日常を抜け出す鍵は、
小学生のように
生きることかもしれません。

小学生の頃は、いつもワクワクしていました。

ヒーローに憧れて真似をしてみたり、虫をつかまえたり、木に登ったり。

すべてにワクワクしていましたし、たくさん笑っていました。


「私は子どもの頃はあまり無邪気じゃありませんでしたし、友だちもいませんでした」

という人だって、夢中になって本を読んだり絵を描いたりプラモデルを作ったりして、自分だけの空想の世界に浸《ひた》っていたと思います。かけがえのない時間だったはずです。

「なんで？」「どうして？」と、好奇心でいっぱいだったはずです。


子どもの頃好きだったこと、夢中になったことはなんでしたか？


子どもは過ぎ去ったことをくよくよ悩みませんし、愚痴を言いません。

来てもいない未来の心配もしません。

子どもは「今この瞬間」を生きています。

難しいことは考えず、子ども時代のように魂を解放してみましょう。

一日３００回笑う

子どもは一日３００回以上
笑うと言われています。

大人は一日20回ほどだとか。

「笑う門には福来る」

大人ももっと笑いましょう。

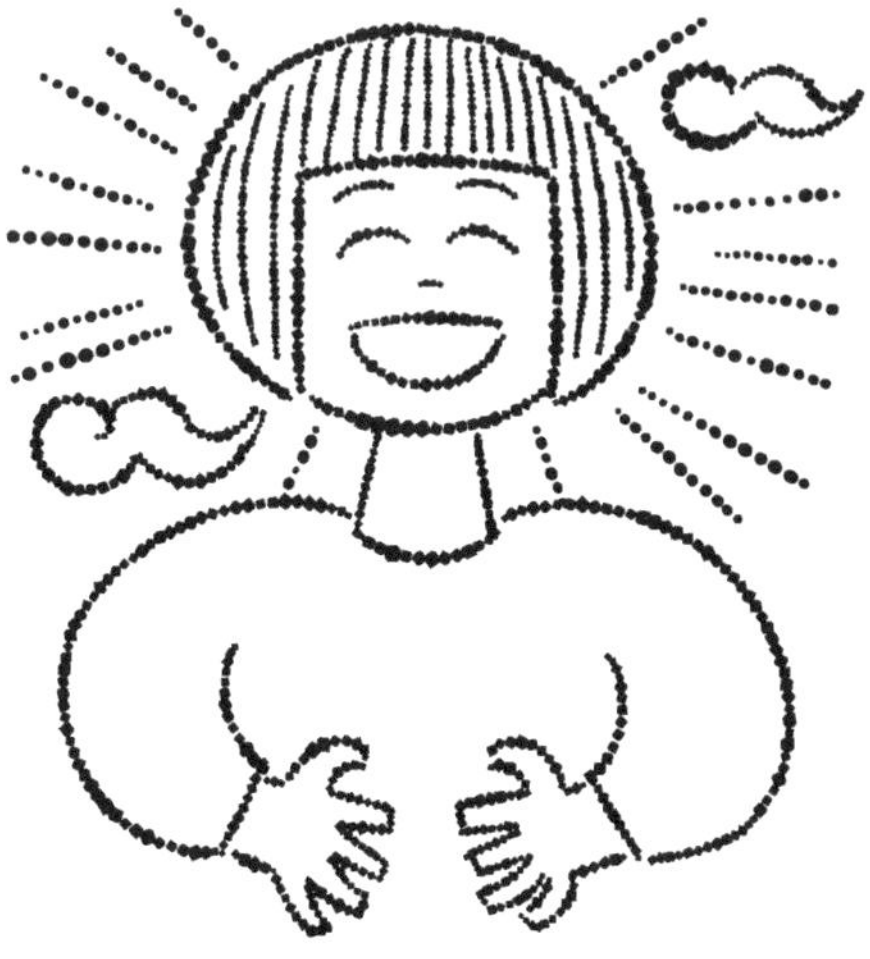

運気を上げるには、笑うことが一番。
笑うと、物事が前に向きます。

相手も自分も心が開いて、物事がうまくいきます。

笑うと免疫力が高まるので、いつまでも心身ともに健康なままで長生きできて、病気になりにくい、病気になっても快復が早いとも言われています。

それは、たくさんの酸素が脳に送られて脳細胞が活性化し、血の巡りがよくなり、新陳代謝が活発になるからです。

何より、**笑っていると意識は不安や怖《おそ》れを寄せつけにくくなります。**

試《ため》しに笑いながら悩んでみてください。難しいですよね。

笑っていることで、心が楽になってきます。

口を開けたり口角を上げたりすることで口元の筋肉が鍛えられ、顔のたるみも軽減されるなど、いいことだらけ。毎日やってみましょう。

笑いはただでできる健康法、美容法。幸せになれて、世界を平和にする源です。

愚《ぐ》痴《ち》・文句・悪口は言わない聞かない

時には愚痴・文句・悪口をこぼしたくなるもの。
でも、それらのマイナスの言葉は、言うほうも聞くほうも気分が悪い。
運気が下がる一方です。

愚痴のことを仏教では「貪瞋癡《とんじんち》」と言い、「苦しみの原因」とされています。
愚痴・文句・悪口というのは、そもそもがこぼすことによって状況が好転する見込みがないもの。

言葉の力は大きいので、マイナスの言葉を口にすると、自分の運気が下がり、同時に聞く人の気分も下げてしまいます。

言ってスッキリする？　それは一時的なもので根本的な解決にはなっていないので、また言ってしまうという無限ループにおちいります。


他人の愚痴・文句・悪口を聞くのも、無駄な時間。

あなたは「愚痴・文句・悪口のゴミ箱」ではありません。

避けられなかったら、適当に相づちを打って話題を変える。

「私は運気が下がる言葉は聞きません」という態度を明確にしましょう。


みんなが明るく愚痴を言ってみんなで大笑いして、みんなでスッキリ。

そういう漫才の掛け合いみたいな時間は、それはそれで大切。

愚痴・文句・悪口を言うのなら、明るく楽しく元気よく笑って言うようにしましょう。

お互いにいい波動を交換できる相手とつきあいましょう。

来ない終わった考えない

起こっていないことも、
起こってしまったことも考えない。
来ないことを変えるのは今のあなた。
終わったことから
前を向けるかどうかも
あなた次第です。

人生は、次から次へと時間が過ぎ去っていきます。
物事というのは、ものすごい勢いで、どんどん過去になっていきます。
未来のことを考えるのは大事ですが、未来の不安を数えても意味がない。

そして、漠然と未来の幸せを夢見ているだけの人も、結局は現実と向きあっていない。**どうやったら未来の幸せをつかめるか、もっと思考に具体性を持たせましょう。**

とにかく、現実と向きあい、努力し、行動する。

運気を上げて幸せになるには、今できることを一生懸命やること以外にはないのです。

とはいえ、今すぐ動けないほどの悲しみや喪失感を背負っている人もいるでしょう。

誰だってそういう時期はあります。あなただけではありません。生きていればあたりまえです。でも終わったことは終わったこと。立ち直る力があるかどうか、早く切り替えることが鍵です。

昨日より今日、今日より明日。

明日は「明るい日」と書きます。

今日を明るく楽しく生きることが大事。

「時間薬」は偉大。時間が経てばまた元に戻ることがほとんどです。

先に心配せず、起こってから考える

起こってもいない未来のことを
考えてばかりいる心配性の人がいます。
取り越し苦労は
まったく意味のない、無駄な時間と労力。
ポジティブ思考にチェンジしましょう。

「病気になったらどうしよう」「起業して失敗したらどうしよう」……。

起こってもいない未来のことを考えてばかりいる心配性の人がいます。

「先のことが心配で何も手につかない」「夜も眠れない」などと言う人もいます。

起こってもいないことを心配するばかりに、今の生活がおろそかになったり、健康を害するなんて、意味がないと思いませんか？

起こっていないことを考えて「今」動けなくなってしまう。なんとも悪循環です。

人生がうまくいく人は「何事もやってみなくてはわからない」という思考です。

悲観的に考えるクセがある人を見ると、私は『**気水が枯れる**』と感じます。

自分の頭の中で悪く考えていって、『気』が枯れ『水』も涸れてカラカラに。

もちろん、災害などには準備が大切。

でも、しっかり準備したらそれ以上は考えない。

本当の危機が起こったときに、健康な肉体と精神で動きが取れるほうがいいのです。

合わない人とは距離を置く

どうもあの人とは合わない。
でも誘われると断れない……と、
グルグル頭の中で考えているあなた。
そういう人とはとにかく
距離を置くことをお勧めします。

最近、あの人といても楽しくない。誘われると気が重い。
そう思い始めたら離れるサイン。あなたと相手の波動が合わなくなっています。

つきあい続けるとあなたのエネルギーが消耗し、運気が下がります。

× あなたの善意や尊厳、利益などを損なう人
× 一緒にいても時間が無駄だと感じる人
× 互いにプラスにならない人
× 成長できない人
× いいエネルギーを交換できない人

こういう人とは、即、距離を置く。

「学生時代からのつきあいなのに」「昔、お世話になったから」などとあれこれ言い訳をする人がいますが、「縁を切る」と大げさに考えるからいけない。ただ**「今は距離を置く」**。

人は変えられない。あなたが変わるしかないのです。

人間関係にも賞味期限があります。
ときどき空気を入れ換えて、大掃除をして、浄化する必要があるのです。

苦手な人には「お天気挨拶《あいさつ》」

生きていれば絶対に巡りあうのが
苦手な人、相性の悪い人。
避けたり、いがみあったりするのでは、
こちらの運気が下がります。
そういうときは
笑顔でバリアを張って
上手に賢くかわしましょう。

職場の上司、同僚、親戚、近所の人など、嫌でも毎日会わなければならない人もいます。
でも、そんな人に心を乱されるだけ損だと思いませんか？

そういうときは「お天気挨拶」です。

「おはようございます。今日は雨ですねー」（ニコッ）
「○○さんどうもー。暑くなってきましたねー」（ニコッ）

ニッコリ笑って言って、心の中で「フン」ってやっていればいいのです。

お天気挨拶はとても感じがいいです。
その場の運気も下げないし、あなたの波動も下げません。
そのうえ、必要以上に相手を近づけないし、こちらも近付かずにすみます。
あなたの心にバリアを張ることにもなるのです。

感謝の気持ちを口にする

感謝の気持ちを伝える
「ありがとう」は幸福を引き寄せます。
周りの人だけでなく、
自分にも、物にも、神様にも
「ありがとう」と毎日口にしましょう。

「ありがとう」と感謝の言葉を言いましょう、という教えはあたりまえになりました。
でも「ありがとう」は「有難う」。
有難いとは、あたりまえとは反対の意味なのです。

「人」という字は支え合ってバランスを保っています。
人と人の間に生きるのが人間。

お互いに「ありがとう」と感謝の気持ちを持って接すると、自分も相手も気分が良くなり、心が軽くなって、あらゆる物事がうまく運びやすくなります。

今日の朝目覚めたことも、これまで生きてきたことも、あたりまえではありません。

誰かが作ってくれたお米や作物を食べ、誰かが開発してくれた電化製品を使い、誰かが建ててくれた住居に住み……と、あらゆるものに支えられて生きています。

そのことに気づければ、現実世界の周りの人たちはもちろん、**神様や宇宙、すべてに感謝できますし、互いにポジティブないい波動を与えあえる関係になることができる**のです。

毎日、感謝の心を持って、感謝の言葉を口にすることが大事です。

「ありがとう」「感謝します」と言うと、さらにありがたく感謝することが起きてきます。

嬉《うれ》しいことと楽しいことをして、ワクワク生きよう

「嬉しい」は誰かが何かをしてくれたり、
いいことが起こったときに生じる気持ち。
「楽しい」は何かをしていて
気分がいいときの継続している感情です。
嬉しいことも楽しいことも、
人間が前向きに
ワクワク生きるための原動力です。

誰かが嬉しそうにしている顔を見ると自分も幸せになるし、一緒にいることで楽しい気持ちになると、お互いにいい波動を出し合えて、その場のエネルギーはさらに上がります。

そして、夢や目標があると「楽しみ」があります。ワクワクします。

メディアに登場する起業家や経営者、アーティストなどは常に何かを仕掛けて話題になりますが、おそらくワクワクするのが大好きで、ワクワクすることしかできない体質なのではないでしょうか。

特別なことじゃなくたっていいのです。

散歩をしていて道端に咲いている花を見つけただけでも「花がきれいでうれしい」「散歩は楽しい」「明日はまた違う発見があるかな」と、いくらでもワクワクできます。

日常生活を楽しめる人は、人生を楽しめる人。

ワクワクすることで波動が上がり、幸運を引き寄せることができます。

脳も活性化するし、いいことだらけなのです。

「只今《ただいま》」を生きる

私たちは「今」を生きています。
幸せな「未来」を描き、
実現できるよう口に出し、
そのために努力をする。
ただひたすらに「今」を
一生懸命に生きるからこそ、
明るい未来が待っています。

「意識を幸せにする」「願いを過去完了形にして口に出し、実現させましょう」

これはとても大切なことです。

私たちの意識は、過去も未来も自由に行き来できますし、空間も自由に移動できます。

でも感じているのは「今」。

未来を思い描いているのも「今」。

過去も未来も「今」にある。

あなたの肉体が存在し、波動を放っているのは「今」です。

幸せな未来を実現させるために必要なのが、**今この時を楽しく生きること。**

とはいえ、今さえ楽しければそれでいいということではありません。

「今」を前向きに、この瞬間を一生懸命に生きる。

「今」に集中し、充実した時間を過ごす。

ただひたすらに今を生きているからこそ、幸せな未来につながっているのです。

コラム 2

邪気を寄せつけないための塩浄化の方法

塩は結界を張り、邪気を祓い、厄を落とす効果があります。
日々の生活で受けた邪気を落としてくれ、エネルギーをパワーアップさせてくれる塩。
成功する人、幸せになる人も、日常生活に上手に塩を取り入れています。

※円明院では、塩や水、酒などを持参して奥の院でパワーを入れる方がたくさんいます。水や酒はまろやかに、塩はサラサラになります。

～円明院でパワーを入れた塩の使い方～

1 盛り塩（邪気祓い・結界・運気上昇）

少量の塩でも、さまざまな穢れを浄化し、邪気を遠ざけてくれます。
家や部屋、店などの四方に盛る。

印鑑や通帳、お金の近くに置いておくのもいいでしょう。

御神事（神棚に供える・お祓い・お清め）などにも使えます。

2 持ち塩（邪気退散・健康保持）

出かけるときに、小袋に分けた塩を持ち歩きます。

塩が入った袋を握《にぎ》るだけでもパワーを感じることができます。

デートやドライブ中にもいいでしょう。大事な商談のときなども有効です。

嫌な人と会わなくてはいけないときも、塩があると心が落ち着きます。

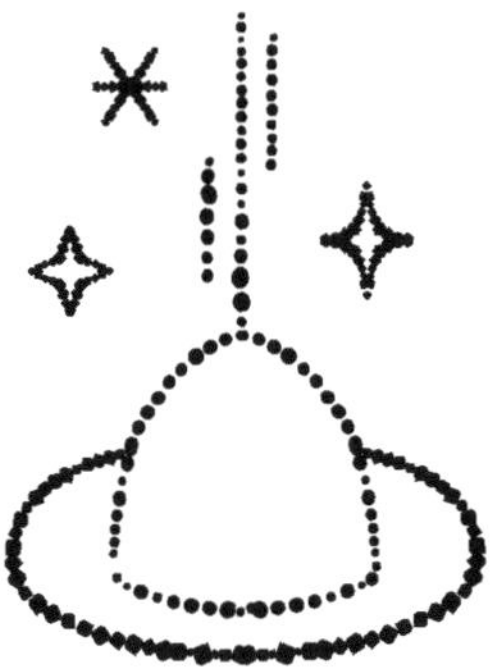

3 痛い場所・調子の悪い場所にあてる（健康回復・運気上昇）

ファスナー付きのプラスチックバッグなどに入れて、痛い箇所にあてます。

頭痛のときは頭、腹痛のときはお腹、胸が苦しいときは胸……と、不調がある箇所にあてましょう。ほとんどの方が、痛みが軽くなると言われます。

寝るときに塩を入れた袋を額に載せたり、枕元に置くなどしている方もいるようです。

寝たきりの方の布団の下に入れるのもいいでしょう。

4 飲み物・食べ物に入れる（健康・味覚向上）

お茶、コーヒー、紅茶などに、味が変わらない程度にほんの少量入れます。
料理の際に使うのはもちろん、アクを抜いたりする際に使ってもいいでしょう。
漬物はとても良く味が染み込みます。デトックスにもなります。

5 お風呂に入れる（健康・美容・邪気祓い）

入浴の際は、浴槽に塩をひと握り入れます。
全身が浄化されると温まりますし、全身から汗が出てスッキリします。
健康が促進され、肌がきれいになり、美容にもいいでしょう。

※浴槽の素材や追い焚き機能などは、メーカーによっては塩が使えないものもあります。確認のうえご使用ください。

6 シャンプーに入れる（毛髪若返り）

塩を大さじ2杯ほどシャンプーボトルに入れてよく混ぜ、それで頭を洗うと、毛穴がスッキリ。

毛が黒くなり、フケが出にくくなります。

※体質や健康状態などにより個人差がありますので、使用にはご注意ください。

7 歯磨き・うがいをする（健康・口臭予防）

口の中がさっぱりし、歯周病予防にもなります。
風邪が流行する季節は外から帰ったら塩うがいをして、予防に役立てましょう。

8 果物・野菜のそばに置く（鮮度保持・味覚向上）

鮮度が保たれ、日持ちが良くなります。

9 家のまわりにまく（運気上昇・邪気祓い）

土地の氣を高め、邪気を寄せつけません。雑草が生えにくくなります。

10 大事な書類を上に置く（運気上昇・仕事運アップ）

塩の上に企画書や契約書を置いておいたところ、
「企画が通った！」「大事な商談が成立した！」などの報告がありました。

※円明院のパワーの入った塩は、とくに効果があると言われています。
参拝者に限り「円明院パワー入り塩」をおわかちしています。通信販売はしていません。

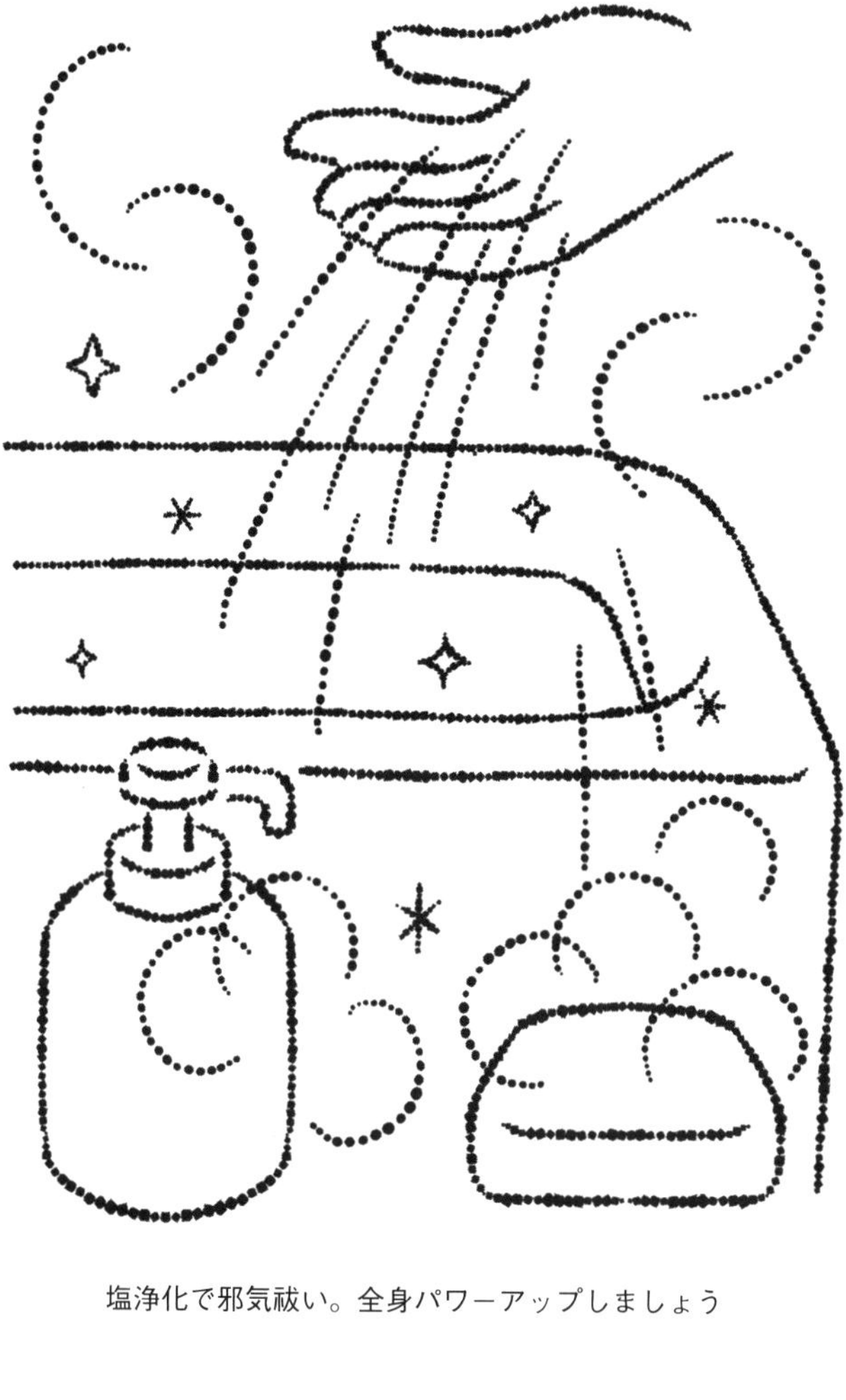

塩浄化で邪気祓い。全身パワーアップしましょう

第5章

奇跡の寺の人生相談

普段は行っていない住職の
「人生相談」を、
書籍に特別掲載します。

Q

相談❶

別れた恋人が忘れられません。もう今後、いい出会いがあるとは思えません

（30代・女性）

A

「波動導通の法則」という言葉を送ります

恋人のことで悩むのは、彼氏・彼女のことを勉強しているということ。
去る者は追わず。あなたが波動を上げれば、この先、もっといい人に出会えます。
なかなかいい人と出会えない？　恋愛運が悪い？
そうではなくて、あなたは同じ波動の状況を引き寄せているだけ。
人のせいにはしないで、せっせと運気を上げましょう。

あなたと気が合う人は、あなたと同じ波動を出している人。
自分の運気を高めれば、気の合う人、出会う人も変わってきます。

自分を高めれば、それだけ氣の高い波長の人と出会える。
去る者は追わず、嘆いている暇があったら、とにかく自分を磨きましょう。
「大丈夫。いい人に会える」を口ぐせにしましょう。

Q

相談❷

会社でパワーハラスメントに遭い、退職しました。鬱《うつ》になってしまい、現在は家から出ることができません

（30代・男性）

A

「終わったことは終わり」という言葉を送ります

終わったことはもう終わり。

嫌な奴からは逃げることが大事。逃げられたのだから、あなたはすごい人です。

大事なのはこれから先のこと。心を切り替えることが大事です。

面白い、楽しい、嬉しいことを探してみましょう。

とにかく笑いましょう。笑えなくても、無理に笑うのです。

笑うと脳の血液量が増加し、脳は「楽しいことがあったんだな」と、錯覚《さっかく》します。

少しずつ笑う回数を多くしていけば、リラックスし、心が穏やかになっていきます。

最初は無理やり笑っていたのが、だんだんと前向きになって、どんどんいいことが起きてきます。

そしていつの間にか元気になっています。

元気になったら、さらに運気を高めていきましょう。

「大丈夫。なんとかなる」と口に出して言ってみましょう。

Q

相談❸

中学生の子どもが不登校になりました。
今後どうなるのか不安です

（40代・男性）

A

「心配しない。
心配するからさらに心配ごとが増えるだけ」
という言葉を送ります

心配するから心配ごとが起きてきます。先に心配しない。考えないようにしましょう。

親は子どもを信じて、見守ってあげることがお役目です。

大きな気持ちで成長を見守ることが大事です。


学校に行きたくなかったらそれもよし。人生は長い。

お子さんには、嬉しい楽しいことをさせてあげましょう。

あなたにできることは、毎日たくさん笑うこと。

あなたがいいエネルギーを発していれば、周りのエネルギーも上がります。


お子さんの波動に合う場所が、どこかにあるかもしれません。

お子さんが本当にやりたいことは何か、よく話し合ってみましょう。

学校で教師や友だちからひどい目に遭っているようだったら、学校を変えるのもひとつの手です。たくさんの選択肢を用意してあげましょう。

「大丈夫。信じてる」と自分も口にし、お子さんにも声をかけてあげましょう。

奇跡の寺の人生相談

Q

相談❹

両親の介護でもう限界です。
自分の時間がまったくありません。
自分がおかしくなってしまいそうです

（50代・女性）

A

「学ばせてもらうチャンスをもらっている」
という言葉を送ります

生んで育ててくれた親には恩返しをしなくてはいけません……などというきれいごとを言うつもりはありません。お金があったら施設に入ってもらいましょう。行政に頼りましょう。あなた自身の心や体の健康を壊してまで、無理をすることはありません。

ただ、もしかしたらご両親は**あなたが成長するチャンスをくれている**のかもしれません。

あなたの魂を成長させてくれているのです。

そう思うと、少し心が軽くなりますね。

親の介護を通じて、感謝することを学んでいるのです。

親の人生の最後に向きあい、後悔なく見送ることができたら、次に必ずいいことがあります。

『反復』といって悪いことの次はいいこと、楽しいことが必ず起こります。

鏡を見て笑ってみましょう。そして、「ありがとう」「感謝します」と一日に何回も口にすると、いいことを呼び寄せますよ。

Q

相談❺

大人になってから、うちの親は毒親《どくおや》だったと気づきました。絶縁したほうがいいでしょうか

（40代・女性）

A

「人間は神様から自由な心を授かっています」という言葉を送ります

「毒親」とか「絶縁」という**ネガティブな言葉に振り回されてはいけません。**

「近づかないでください」。それだけでいいのです。

性格が合わないのは苦しいし楽しくない。**まずは離れることが一番。**


肉体の親とは縁を切ることはできません。なので「絶縁」はできません。

残念なことですが、あなたの親は性格が悪かっただけ。

親子でも気が合わない人は合わない。それは魂が違うから。

肉体は親から、魂は神様からいただいたのです。

あなたとは別人格。反面教師にして、あなたがそのような人間にならなければいいのです。

悪い見本になってくれたのです。


「楽しい、楽しい、楽しい！」と何度も言って、心を軽く生きましょう。

［特別掲載］

奇跡の寺の光の写真

円明院で撮られた奇跡のような光景の写真を、
書籍に特別に掲載します。
鳳凰様と龍神様のお姿が写った
写真を集めました。

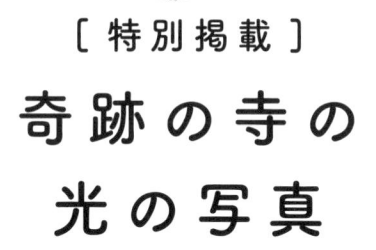

鳳凰様

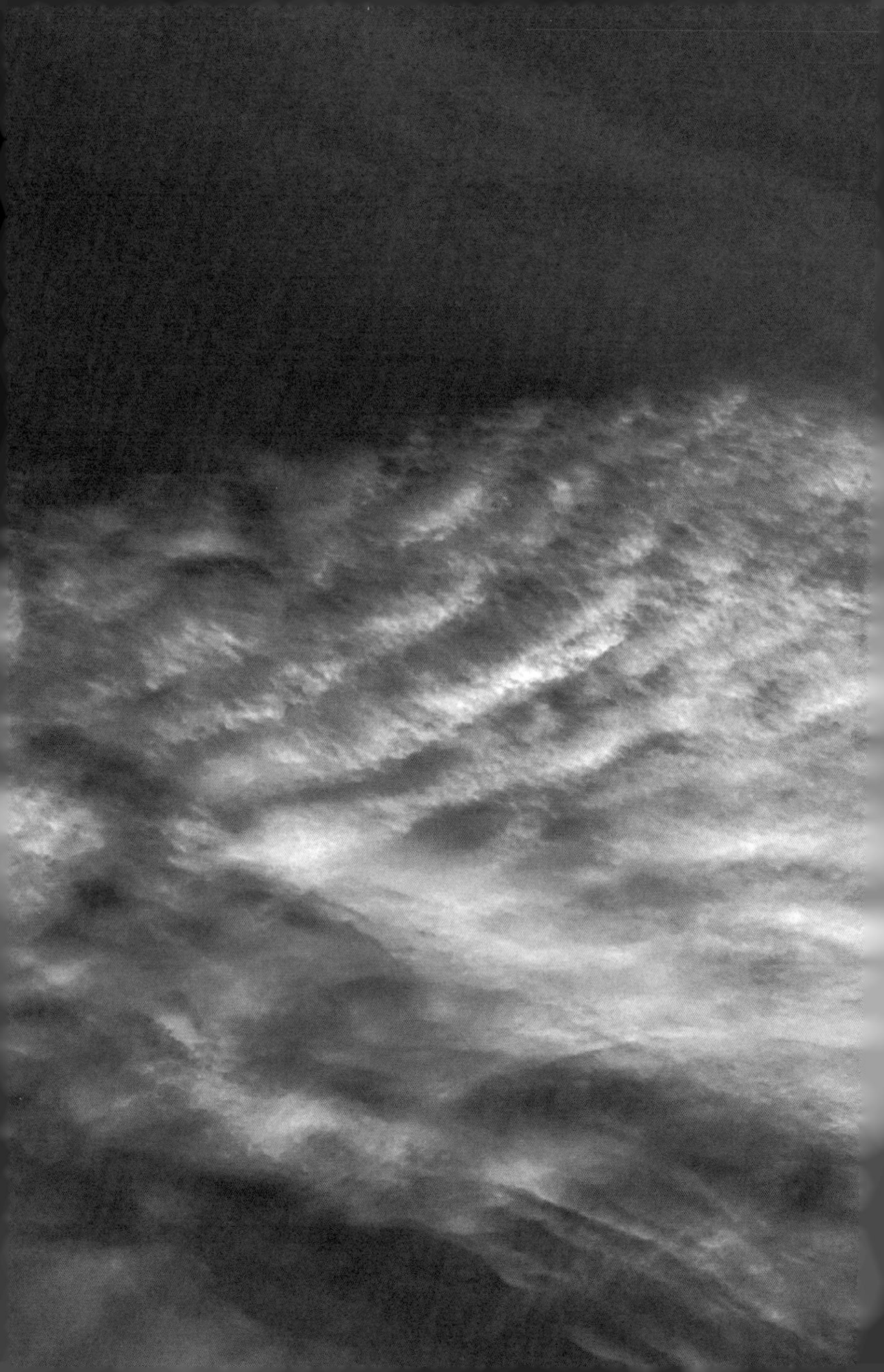

鳳凰様

奥の院の毘沙門堂の上を回遊する鳳凰様

龍神様

参拝の心得
運気を上げる為には
間をおかず、目標を
決めて参拝すること。
まず十回目標
次に三十三回目標
後は運気好転体質参拝
となります。
世界一のパワースポット
運気好転、神仏霊山の大聖地
生きている人の為の寺
山主

龍神様

龍神様と鳳凰様が一緒に写っているとも言われる写真です

円明院で撮影された「奇跡の写真」は、持っているだけでも良いことがあるというお声もあります。

・良いことが起こった

・家に置いておくと結界が張られて邪気封じになった

などとも言われています。

おわりに

本書をお読みくださり、ありがとうございます。皆様が「運気アップ」されて、ますます幸せになられることを祈念申し上げます。

本書のタイトルは『神様に好かれて運気好転する方法』です。

本来、「神様に嫌われる人」というのはいません。努力している人はきっと応援してもらえます。神様は行動して努力する人の味方です。でも神頼みだけではダメですよ。

「運気好転」は、いつも円明院で一番にお伝えしていることです。

本書に書かれていることを実践されたあなたは、必ず運気好転するはずです。

そして、さらに「運気アップ」されたい方は、是非、円明院にいらしてください。

円明院の天の氣と地場のパワーを、直接感じてパワーチャージしてください。

円明院にいらしただけで良いことが起こり、リピーターになって何百回・何千回と通われている方もたくさんいらっしゃいます。

直接参拝された方の「運気好転」のスピードはものすごいです。お寺には「良いことがあった・願いが叶った報告書」の到着があとを絶ちません。

本書でご紹介した「塩浄化」も、円明院でおわかちしている「円明院パワー入り塩」を使われた効果が大反響で、奇跡体験が本当に多数あります。

塩については、あまりに希望者が多いので通信販売はしておりません。ご参拝いただいた方のみにおわかちしておりますので、是非、直接いらしてください。

とくに奥の院のパワーを強く感じる方が多く、全身でパワーチャージをされていかれます。短時間でも効果を十分感じて、大きなご利益を受け取れることでしょう。

最後になりましたが、今回の出版に際してお世話になったスタッフの皆様に、心より感謝と御礼を申し上げます。

円明院　29代住職　泉 智教

※本書では、塩を使った浄化法をご紹介しています。

ご使用に際しては、体質や健康状態などにより個人差があります。身体に異変を感じた場合は放っておかずにすぐに医師にご相談ください。

浴槽の素材や追い焚き機能などは、メーカーによっては塩が使えないものもあります。事前に確認のうえご使用ください。

円明院（えんみょういん）

2011年3月11日の東日本大震災の際に、福島県南相馬市で津波の被害を一切受けなかった「奇跡の寺」。運気好転の大聖地とされ、世界一のパワースポットといわれるセドナよりも氣が高いとも言われている。参拝することにより、運気が上がり、運気好転して幸せ体質になれると言われている。とくに本殿の裏山にある「奥の院」で休息するとパワーチャージされると話題。宝くじの高額当選者も多く、パワーチャージのために宝くじ・銀行通帳・印鑑・宝石・貴金属などを持って、多くの方たちが全国から足繁く参拝している。また、境内では不思議な光が見られたり、写真に写るという体験談が多数寄せられている。
初めて参拝する際は、毎週土曜・日曜の午前11時30分から始まる泉住職の講話を聴くことが必要。受付は当日午前6時より10時30分まで。予約は不要。開催日および詳細は円明院ホームページを参照、もしくは円明院に直接問い合わせて確認を。笑い声があふれる住職の講話を聴くだけでも、元気が出る、運気が上がると人気。

所在地：福島県南相馬市原町区小浜字丸山18-1（JR原ノ町駅より車で約15分）
電話：090-3126-7909　オフィシャルサイト：http://enmyouin.net/

著者

泉 智教（いずみ　ちきょう）

生きている人の為の寺　円明院　29代住職

1954年福島県の天台宗の寺の長男として生まれる。20代のときに長い闘病生活を送る。原因不明の病苦のために新興宗教に入信、占い師や霊能師にもすがる。あまりの苦しさから自殺も試みるが、３回目の自殺未遂のときに父親である当時の住職からの「死ぬ気があったら生きてみよ！」という言葉で気づきを得る。その後、病は回復し、整骨院を開業。東京で事業家になり会社経営もするが、バブル崩壊とともに一転、極貧生活も経験する。東京の自室にいたある日の白昼に突然、天界の啓示を得る。「山を開きなさい」「奥の院を開いて人を助けなさい」「人のために尽くしなさい」と聞こえた。それからすぐ2007年12月28日に帰郷、現職となる。2008年5月3日、寺院の裏手にあるお山に分け入り、自らの手で山頂に奥の院を開く。「宗教を超えて世界を平和にし、生きて幸せになることが大事」「運気を上げれば必ず幸せになれる」という教えを広めている宗教界の異端児。笑って運気を上げる「運気好転の講和」が人気。口コミで話題となり開始２年目は１日200人程度だった参拝者が、３年目には1500～2000人となり海外からも参拝者が訪れるようになる。参拝者が多すぎて本堂に入り切らないほどになる。奥の院付近では不思議な光の写真が撮れ、持っているだけでも御守りになると話題に。また、風もないのにロープに吊るした鈴が鳴るという瑞兆現象《ずいちょうげんしょう》は幸運の起こる前触れと言われている。2011年３月11日の東日本大震災では、円明院は海岸からわずか500メートルほどの位置にありながら、寺の門前で津波がピタリと止まり無傷で残った「奇跡の寺」としてメディア取材があとを絶たない。初の著書に『運気好転して幸せになる 奇跡の寺の教え』（KADOKAWA）がある。

奇跡《きせき》の寺《てら》の住職《じゅうしょく》が教《おし》える

神様《かみさま》に好《す》かれて運気好転《うんきこうてん》する方法《ほうほう》

2024年7月2日　初版発行

著　者　泉智教《いずみちきょう》

発行者　山下 直久

発　行　株式会社 KADOKAWA
〒102-8177　東京都千代田区富士見2-13-3

電　話　0570-002-301（ナビダイヤル）

印刷所　大日本印刷株式会社

製本所　大日本印刷株式会社

●お問い合わせ
https://www.kadokawa.co.jp/（「お問い合わせ」へお進みください）
※内容によっては、お答えできない場合があります。
※サポートは日本国内のみとさせていただきます。
※ Japanese text only

定価はカバーに表示してあります。

ISBN 978-4-04-738034-9　C0095